Der kleine Möglichkeitenraum

Auszüge aus dem gesamten Buch "Möglichkeitenraum"

BOOKS on DEMAND

Ich möchte dem BoD-Verlag herzlich danken, dass er mir es so unkompliziert, günstig, und wenn nötig mit freundlicher technischer Hilfe ermöglicht, meine Bücher zu veröffentlichen. Und ich weiß es sehr zu schätzen, dass ich hier die Freiheit der eigenen Gestaltung bekomme.

Maria Cura

Der kleine Möglichkeitenraum
Auszüge aus dem gesamten Buch
"Möglichkeitenraum"

Bibliografische Information der Deutschen Nationalbibliothek: Die Deutsche Nationalbibliothek verzeichnet diese
Publikation in der Deutschen Nationalbibliografie; detail-
lierte bibliografische Daten sind im Internet über
http://dnb.dnb.de abrufbar.

© 2017 Maria Cura
Herstellung und Verlag:
BoD – Books on Demand, Norderstedt

ISBN: 9783744810111

Das Titelbild (ein Ausschnitt) wurde von Maria Cura im
Alter von 16 Jahren gemalt, sie gab ihm den Titel:
"Lebendiger Vorstoß ins Nichts"

Für meine Familie

Inhaltsverzeichnis

Warum ein "kleiner Möglichkeitenraum"?
Ein Vorwort

Dieses Buch enthält Auszüge aus dem Gesamtbuch "Möglichkeitenraum" (daher "kleiner" Möglichkeitenraum), das 2017 veröffentlicht wurde, aber bereits im Jahre 2000 und teilweise sogar 1994/1995 verfasst wurde.

Diese Auszüge sollen dazu dienen, kostengünstig einen kleinen Einblick in Themen, Denkweise und in die Art der Beschreibung des Gesamtbuches zu geben. Das Buch "Möglichkeitenraum" ist schwer mit anderen Titeln zu vergleichen, hat eine ganz eigene, unkonventionelle Art der Fragen, Antworten und Darstellung. Es ist daher für den Interessierten vorab schwer einzuschätzen. Mit dem "Kleinen Möglichkeitenraum" bekommen Sie einen guten Einblick in das Gesamt-Buch "Möglichkeitenraum".

Die meisten hier gedruckten Kapitel sind nur auszugsweise wiedergegeben, aber die Auszüge wurden so gewählt, dass das Thema noch gut verständlich ist. Es gibt auch zahlreiche Kapitel, die hier gar nicht Eingang gefunden haben (besonders abstraktere, theoretischere Themen oder längere Ausführungen eines Themas, auch etwas fragwürdigere Theorien wie "Zeit rückwärts und Zeit vorwärts" wurden weggelassen) - Sie können aber das vollständige Inhaltsverzeichnis des Gesamtbuches "Möglichkeitenraum" am Ende dieses "Kleinen Möglichkeitenraums" finden.

Es gibt im Gesamtband noch einen Abschnitt, der beschäftigt sich mit den, zugegeben sehr spekulativen Fragen, ob die homöopathischen Mittel möglicherweise durch Information über das "Nicht-Sein" wirken, und außerdem damit, ob homöopathische Wirkungen vielleicht auch in der Natur ohne menschliches Zutun zufällig oder absichtlich vorkommen können. Dieser Abschnitt des Gesamt-Buches wird hier nicht weiter erwähnt. Er wird als eigenständiges Büchlein veröffentlicht.

Noch eine Bemerkung zum "Nichts" bei Laotse. Es verführt den Leser dazu - so habe ich bemerkt - zu denken, ich würde über das "Nichts" schreiben. Aber mein Thema ist der leere Raum (vielleicht könnte man Laotses "Nichts" auch mit "leerem Raum" übersetzen). Über das "Nichts" kann ich auch nichts sagen, über den leeren Raum dagegen schon. Dieser kann auf ganz verschiedene Weise leer sein, und so ergibt sich ein vielfältiges Thema.

Zum Schluß dieses Vorworts möchte ich noch betonen, dass ich mir sehr wohl bewusst bin, dass bereits zahlreiche Philosophen mit ähnlichen Begriffen operierten, wie ich sie hier verwende. Ich nehme mir aber die Freiheit, Dinge erneut unbefangen und ohne den Hintergrund der langen Philosophiegeschichte zu betrachten. Das mag unerhört klingen, aber ich bin der Meinung, dass man manche neue Sichtweisen nur aus Unbefangenheit und Loslösung von festgefahrenen Schulen und Denkrichtungen entdecken kann. Wer nicht alten Schulen verpflichtet ist, mag manchen Irr- und Umweg in seinem Denken gehen – ihm sind aber auch ungewohnte Blickwinkel leichter möglich, als demjenigen, der der Tradition einer langen Schule und Geschichte verpflichtet ist.Der "philosophische Möglichkeitenraum" sozusagen steht ihm noch unausgefüllt offen.

Daher möchte ich den philosophisch gelehrten Leser um Nachsicht bitten, falls er manches schon als lange bedacht oder anders erwiesen findet. Er mag sich aber vielleicht auch an den einen oder anderen unkonventionellen Gedankenverbindungen erfreuen.- und dann – so hoffe ich, milde über meine freche Ignoranz hinwegsehen. Es handelt sich hier eben um "Gedanken-Experimente".

Maria Cura, im September 2017

Vorwort von 2017 aus dem Gesamtband "Möglichkeitenraum"

Das Buch ist ein Gedankenexperiment zum Thema Möglichkeitenraum. Bereits Laotse wies vor über 2500 Jahren darauf hin, dass es der leere Raum in einem Behältnis ist, der es dem Gegenstand erst ermöglicht, als Gefäß zu dienen.

Der als leer angesehene Raum ist nicht leer: er steckt voller Möglichkeiten. Diese sind so zahlreich, dass sie - schränkt man sie nicht willkürlich ein - durch keinen Computer errechnet werden können.

Aber unser Geist hat Zugang dazu: durch Fantasie und Vorstellungskraft und auch im Zusammenhang mit dem Gefühl.

Die Wirkungen und Zusammenhänge rund um den Möglichkeitenraum werden hier in ganz verschiedenen Richtungen beleuchtet. Dabei geht es nicht alleine um "gegenständliche" Räume, sondern genauso um geistig freie Räume. Dem Sein wird das große, raumgebende "Nicht-Sein" ergänzend an die Seite gestellt.

Wie auch beim stärker gesellschaftskritischen Buch

"Geschenk Lebenssinn" will ich nicht festzementierte Aussagen unumstößlich in den Raum stellen (auch wenn ich aus sprachlichen Gründen oft eine sehr entschiedene Formulierung wähle und natürlich auch meine Gedanken für schlüssig halte - aber ich weiß auch, wie schnell man irrt), sondern ich wollte spielerisch auch einmal grundsätzliche Ansichten neu angehen - dass das auch Widerspruch erzeugen kann, würde mich nicht überraschen, ist sehr wahrscheinlich stellenweise notwendig, und ich sehe Widerspruch als Teil eines kreativen Prozesses.

Ich bin keine Professorin oder sonst irgendwie mit der offiziellen Lehre beauftragt, ich bin keiner philosophischen oder weltanschaulichen Richtung verpflichtet - und ich nutze einfach diese Freiheit des Gedankenspiels. Vielleicht lassen Sie sich einladen "mitzuspielen".

Laotse

Sehr alte chinesische Weisheitslehren, vermutlich von einem
Mann namens Laotse

"Der Sinn, der sich aussprechen lässt,
ist nicht der ewige Sinn.

Der Name, der sich nennen lässt,
ist nicht der ewige Name.

"Nichtsein" nenne ich
den Anfang von Himmel und Erde.

"Sein" nenne ich
die Mutter der Einzelwesen.

Darum führt die Richtung auf das Nichtsein
zum Schauen des wunderbaren Wesens,

die Richtung auf das Sein
zum Schauen der räumlichen Begrenztheiten.

Beides ist eins dem Ursprung nach
und nur verschieden durch den Namen.

In seiner Einheit heißt es das Geheimnis.

Des Geheimnisses noch tieferes Geheimnis
ist das Tor, durch das alle Wunder hervortreten."

"Dreißig Speichen umgeben eine Nabe:
In ihrem Nichts besteht des Wagens Werk.

Man höhlet Ton und bildet ihn zu Töpfen:
In ihrem Nichts besteht der Töpfe Werk.

Man gräbt Türen und Fenster, damit die Kammer werde.
In ihrem Nichts besteht der Kammer Werk.

Darum: Was ist, dient zum Besitz
Was nicht ist, dient zum Werk."

Zitiert aus: "Laotse. Tao te king. Texte und Kommentar",
Übersetzer Richard Wilhelm, Diedrichs Gelbe Reihe DG 19
China, München 1978/1993, S. 41, Nr. 1 und S. 51, Nr. 11.

Dasein

"SEIN"

Was ist "Sein"?

Was ist der Unterschied zum "Nicht-Sein"?

Nur verschiedene Eigenschaften lassen Sein und Nichtsein unterscheiden.

Hier ist etwas rot, dort gelb, hier ist etwas hart, dort weich, hier ist etwas, was sich nach links bewegt, dort ist etwas, was sich anders bewegt, dort ist etwas, was Widerstand macht, dort nicht, usw..

Nur der Gegensatz lässt etwas erkennen.

Erkennen, dass es hier und jetzt etwas gibt, was woanders nicht ist.

Dass etwas D A - I S T.

Nichts wäre erkennbar, wenn da nicht das NICHT-DA-IST wäre.

Das NICHT-DA-SEIN ist unendlich groß und weit.

Während das bewusste DA-SEIN in kleinen Augenblicken und an eingegrenzten Orten besteht.

Wir denken vor allem an das bewusste DA-SEIN
und vergessen so leicht die Größe und Weite des NICHT-DA-SEINS.

Und damit nehmen wir uns den Raum für ungeahnte Möglichkeiten.

Das DA-SEIN als letztenendes übergreifendes Ganzes, quasi das absolute, ewige DA-SEIN, besteht sowohl aus ort- und augenblick-eingegrenztem DA-SEIN, als auch aus dem NICHT-DA-SEIN. Beide zusammen lassen unsere Welt entstehen, sind in der Ewigkeit eine Einheit.

Für das gesunde und erfüllte Leben im Hier und Jetzt müssen wir uns vor allem auf das mit uns hier und jetzt Seiende beschränken.
Aber wenn wir uns zu sehr beschränken, wird alles nach und nach immer enger.
Es muss eine Ausgewogenheit bestehen, zwischen dem Blick auf das hier und jetzt Seiende und der Weite des Nicht-seienden.

Exakte Naturwissenschaften und Computer können zwar - ausgehend von bestimmten festen Grundvoraussetzungen - berechnend auf Zukünftiges und Vergangenes blicken - aber die Schau der Fülle der Möglichkeiten im Raum des NICHT-DA-SEINS bleibt ihnen verwehrt. Sie können nur unter bestimmten Bedingungen eintretendes So-Sein vorausberechnen. Sie können aber nie die Fülle aller Möglichkeiten, die eintreten könnten, erfassen. Denn die festen Grundvoraussetzungen können bei genauer Betrachtung auch variieren, die Grundvoraussetzungen selbst haben Grundvoraussetzungen und diese ebenfalls wieder. Man kann in verschiedensten Situationen die Grundvoraussetzungen auf ein übersichtliches Maß reduzieren und festlegen, z.B. im Experiment. Im "wirklichen Leben" dagegen spielen so viele Einflüsse eine Rolle, dass man zwar meist von einer gewissen Wahrscheinlichkeit ausgehen kann - aber es ereignen sich immer wieder unberechenbare Dinge, so dass alles einen ganz anderen Verlauf nehmen kann.

Das NICHT-DA-SEIN in seiner Größe zu ahnen und wahrzunehmen, bedeutet sein eigenes DASEIN in den richtigen Rahmen zu stellen. Das ist wesentlich.

Der leere Raum

Stellen Sie sich folgende Szene vor: Eine leere Wohnung, der Vermieter sucht einen Mieter. Viele melden sich zu einer Besichtigung. Sie kommen und sehen die leere Wohnung - da sind nur weiße Wände und Fenster und Türen. Aber jeder sieht eine andere Wohnung. Der erste denkt sich eine bunte Tapete an die Wand, sieht in einem Zimmer sein Bastelzimmer und überlegt, wo im Wohnzimmer Fernseher, Sitzecke und Bücherregel hinkommen. Die nächste Bewohnerin hat Kinder und überlegt, wo die Kinderzimmer hinkommen könnten, ob ihre alten Möbel sinnvoll angeordnet werden können, ob man vielleicht eine Kinderschaukel einbauen kann, ein weiterer Bewerber möchte ein wissenschaftliches Buch in aller Ruhe schreiben können, er schaut, wo am besten ein großer Schreibtisch stehen könnte, und wie er das Wohnzimmer für viele Gäste einrichten kann, da er zu Hause Diskussionsrunden mit anderen Wissenschaftlern und Studenten veranstalten will. Das nächste ist ein junges Paar, bei denen beide gerne kochen, und sie überlegen natürlich wie die Küche aussehen könnte. Die Möbel, mit denen die Bewerber in Gedanken die Wohnung ausstatten, sehen ganz unterschiedlich aus: Stilmöbel und schwergewichtig oder Fichte und Ikea, oder viel Stahl und glänzende Flächen. Die

Wohnung wird im Geiste perfekt aufgeräumt gesehen oder gemütlich etwas unordentlich. Sie soll ein zu Hause für eine Familie für den ganzen Tag sein, oder nur Übernachtungsgelegenheit für den alleinstehenden Berufstätigen. Sie wird als groß vom Single empfunden und als klein von der 5 köpfigen Familie. usw., usw..

Ich denke, es ist klar geworden, was ich meine. Eine unbewohnte Wohnung mit leeren Zimmern bietet unendlich viel Freiraum zur Gestaltung dieser Räume. Gäbe es hundert Menschen, die diese Wohnung besichtigen, gäbe es hundert verschiedene Vorstellungen, sie einzurichten und zu nutzen. Wären es Tausend oder Hunderttausend - es gäbe tausend oder hunderttausend Vorstellungen, oder sogar noch mehr, da eine Person selbst schon verschiedene Pläne entwerfen kann. Und keiner dieser zahllosen Vorstellungen wird völlig identisch sein mit einer anderen. Welch ein Reichtum an Möglichkeiten!

Ich glaube, es besteht (zumindest bis jetzt) ein ganz wesentlicher Unterschied zwischen Computer und dem Geist der Lebewesen: Computer können über Möglichkeiten nur etwas aussagen, wenn sie sie rechnerisch ausdrücken können, wir können aber im Geist die Möglichkeiten ahnen.

Da es im Bereich der Möglichkeiten im leeren Raum schnell zu Unendlichkeiten und Verbindungen von Unendlichkeit mit Unendlichkeit kommt, dürften Computer noch lange Zeit mit der Schau der Möglichkeiten-Freiräume überfordert sein. Natürlich können sie im Einzelfall berechnen, ob eine Möglichkeit durchführbar ist, oder wo die Grenzbereiche für die Durchführbarkeit eines bestimmten Plans liegen. Aber sie können nicht die Fülle der offenen Möglichkeiten ahnen.

Sie können aber in Versuchen blitzschnell, viel schneller als wir, zufällig ausgewählte Versuche simulieren und so durch die Ergebnisse auf sehr effektive neue Möglichkeiten stoßen (z.B. bei der strömungsgerechten Form von Schiffen).

Dieses der Reihe nach Durchprobieren durch Computer ist aber etwas ganz anderes als die Ahnung der Weite der Freiräume. Dieses Ahnen ist das ganzheitliche Erfassen, das innere Schauen einer umfassenden Fülle.

Ich behaupte, dass dieses ganzheitliche Erfassen der Möglichkeiten-Freiräume ein wesentliches Element unseres Daseins, unseres Geistes ist.

Wie können leere Freiräume aussehen?
Wie geht die Gesellschaft damit um?

Wir haben zuerst einmal in Beispielen den "klassischen" leeren Raum behandelt, z.b. das Zimmer, das man beschreiben kann durch die begrenzenden Wände und deren Länge, Höhe und Breite.

Es gibt aber noch ganz anders geartete Freiräume - leere Räume - die auch viele Möglichkeiten enthalten und für die ebenso gilt, was für die klassischen leeren Räume aufgezeigt wurde.

Es gibt Räume für neue Ideen und Gedanken. Es gibt den Zeitraum - auch er ist, was die Zukunft anbetrifft, offen, auch die Zukunft enthält eine unendliche Anzahl offener Möglichkeiten.

Ein Mensch befindet sich jeden Augenblick vor einer unendlichen Zahl von Freiräumen. Am Morgen beim Aufstehen kann er entscheiden, in welchen Moment er aufsteht, da gibt es einen Spielraum, innerhalb dessen er ohne Schwierigkeiten rechtzeitig fertig wird, dann einen Spielraum, innerhalb dessen er hetzen muss, dann einen Spielraum innerhalb dessen er zu spät kommt - oder gar nicht zur Arbeit / Schule geht (er muss dann nur mit Ärger rechnen). Er kann mit dem linken oder dem rechten Fuß aufstehen. Er kann das Frühstück genau wie immer zu sich nehmen oder einmal etwas variieren. Er kann die Zähne 2 Minuten oder 10 Sekunden oder jede andere Zeitspanne oder gar nicht putzen. Er kann neue Unterwäsche anziehen oder nicht. Er kann sich über gestern, das Jetzt oder die Zukunft, über Privates, die Arbeit oder z.B. die Musik, die er vielleicht gerade im Radio hört, Gedanken machen. Er kann sich gut oder schlecht, grantig oder fröhlich, zaghaft oder unternehmungslustig fühlen, usw. usw..

Das alles erscheint selbstverständlich, und deshalb machen wir uns normalerweise keine Gedanken darüber - aber gerade, weil diese allgegenwärtigen Freiräume uns ständig und überall hin begleiten, gerade deshalb sind sie etwas ganz ganz Grundlegendes. Und der Umgang mit diesen Freiräumen entscheidet viel über unser Leben, und ob wir es sinnvoll erleben oder es als ein sinnloses, qualvolles Chaos oder Gefängnis empfinden.

In unserer Gesellschaft (und wieder will ich mich nicht ausschließen) scheint es mir, als herrsche Angst vor zu viel

Freiraum, er birgt zu viel Unberechenbares. Gleichzeitig besteht aber auch die Angst, Freiraum zu verlieren, Angst, zu sehr eingeschränkt zu werden.

Wir scheinen hin- und hergerissen zwischen Anlehnungsbedürftigkeit an Festes und der Suche nach Freiräumen. Wir neigen zu Extremen: genaue Regelung, alles absichern und zugleich keinerlei persönliche Einschränkung. Deutlich wird das z.B. bei den Nahrungsmitteln: aus Angst vor Vergiftung wird alles kontrolliert und mehr und mehr genormt - gleichzeitig wird das Angebot immer weltweiter, aus aller Welt sind Früchte zu haben, Erdbeeren aus Südafrika im Winter usw.. Und trotzdem, durch die generellen Normierungen und Sicherheitsvorschriften, scheint zunehmend alles ähnlicher und langweiliger zu schmecken. Der äußeren Vielfalt entspricht nicht immer unbedingt die innere Qualität und die wirkliche Geschmacksvielfalt.

Im Leben (und wahrscheinlich auch in physikalischen Gesetzen) muss immer Ausgewogenheit bestehen zwischen Festlegung und Freiraum. Bei zu viel Festlegung droht Erstarrung und später dadurch Zerfall, bei zu viel Freiraum besteht die Gefahr der Auflösung, des Identitätsverlustes.

Das Schauen der Freiräume - der Fülle der leeren Räume und meines Platzes darin

Das Erkennen der Freiräume ist in zweierlei Hinsicht wichtig für uns: Einmal, um neue Möglichkeiten in einer sich ständig verändernden Welt zu erkennen und zweitens, um den eigenen Platz in der Gesamtheit wahrnehmen zu können, und somit sowohl im Kleinen die Aufgaben zu erkennen, die man am besten übernehmen kann, als auch im Allumfassenden den Sinn des eigenen Daseins zu erfassen.

Wenn das Erkennen der Freiräume so wichtig ist, wie geschieht es dann? Schließlich sind die Möglichkeiten der Freiräume oft unendlich viele und nicht in jedem Fall voraus berechenbar.

Ich bin fest überzeugt, dass alle Lebewesen, vielleicht auch Pflanzen und eventuell sogar alle Elementarteilchen, einen Sinn dafür haben, welche Fülle von Möglichkeiten in den vor ihnen liegenden Freiräumen enthalten ist. Das kann nicht über das logische Denken laufen, da dieses Begrenzung und Berechenbarkeit braucht. Also müssen wir einen weiteren Sinn haben, der sich uns auf andere, als auf logische Weise mitteilt.

Ich behaupte, dass jeder, der ein bisschen sensibel in sich hineinhört, diesen Sinn spürt. Er steht in Verbindung mit der Intuition, mit mystischen Erfahrungen, aber auch einfach mit unterschwelligem guten oder schlechten Gefühl bei einem Vorhaben, in einer Situation.

Wir werden uns neuen Möglichkeiten-Freiräumen aber nur öffnen, wenn wir einen Rahmen des Vertrauens setzen - ansonsten werden wir uns an dem Berechenbaren festklammern. Der Mensch hat nun auf den verschiedensten Ebenen Rahmen geschaffen, in denen dieses Vertrauen entstehen kann, auf sehr einfachen Ebenen und auch im Bereich des Ganzheitlichen, im Bereich der letzten Dinge. Letzten Endes muss aber jeder Vertrauensrahmen, auch der auf den einfachsten, alltäglichsten Ebenen, gegründet sein im Rahmen des Ganzheitlichen, denn sonst ist das Vertrauen "auf Sand gebaut", d.h. es kann sehr schnell durch Störungen erschüttert werden. Denn der Freiraum für Möglichkeiten wird immer vom Ganzen mitbedingt. Ganz einfaches Beispiel: Wenn morgen ein Riesen-Meteorit auf unsere Erde fällt, dann ist das das Ende aller kleinen menschlichen Freiräume, weil es dann gar keine Menschen mehr gibt. Wenn ich also schon hier verunsichert bin, im ganzheitlicheren Rahmen stetige Angst (im Hintergrund meines Bewusstseins) vor dem Unberechenbaren habe, dann wird mir das Vertrauen im kleinen Rahmen auch nicht so recht gelingen.

Den meisten Menschen ist ein selbstverständlich erscheinendes Urvertrauen in den ganzheitlichen Rahmen gegeben. Aber in früheren Zeiten gab es im Bereich des Religiösen immer wieder "Techniken", um dieses Vertrauen zu erneuern. Es ist die Frage, wie lange wir in unserer Zeit ohne diese "Techniken" (das Wort gefällt mir in diesem Zusammenhang nicht besonders) auskommen, d.h. ganz praktisch: wie lange kann sich dieses Urvertrauen in einer Gesellschaft halten, wenn ihre Mitglieder zu einem Großteil sich nicht mehr mit dem ganzheitlichen Rahmen in vertrauensbildender Weise auseinandersetzen? Ich hoffe, dass entweder die alten Formen wieder entdeckt und etwas verwandelt neu belebt werden, oder dass aus dem Vermischen der Religionen und Weltanschauungen neue Wege gefunden werden.

Um deutlicher zu machen, wovon ich eigentlich rede, möchte ich jetzt zuerst Beispiele aus dem profanen Bereich und anschließend aus dem religiösen Bereich anführen.

Einen großen Teil des Tages verbringen wir mit Routinehandlungen. Das muss auch so sein, man kann nicht bei allem und jedem überlegen, ob man es heute vielleicht anders macht. Aber alles verändert sich, ist dem Wandel unterworfen. Durch unser Älterwerden stellen sich immer wieder neue Lebensaufgaben, aber auch durch den Wandel außerhalb von uns sind wir ebenfalls ständig gezwungen, auch in unserem Leben oft kleine und ab und zu große Veränderungen vorzunehmen.

Um Veränderungen sinnvoll und nützlich zu gestalten, können wir Vorbedingungen und Folgen von geändertem Verhalten logisch durchspielen. Wir werden dabei aber nie über gewisse Erfahrungshorizonte hinausgehen können, wir werden immer in etwas eingefahrenen Bahnen bleiben. Um freiwillig das Abenteuer einer wirklich neuen Erfahrung machen zu können, brauchen wir eine intuitive Offenheit für die uns gegebenen Freiräume.

Wie schon vorher beschrieben, enthalten ganz viele der uns offenstehenden Freiräume unendlich viele Möglichkeiten. (Das ist nicht gleich zu setzen mit: enthält alle Möglichkeiten, z.B. wenn ich zu wenig Geld habe, kann ich mir kein Auto kaufen, aber mit wenig Geld kann ich aus hunderten anderer kleiner Sachen auswählen, und wenn ich dann etwas gekauft habe, gibt es noch unendlich viele Möglichkeiten, was ich damit mache - wenn auch wahrscheinlich nur eine viel kleinere Zahl an sinnvollen Möglichkeiten.)

Ich kann unmöglich logisch alle durchdenken. Wie kann ich dann intuitiv doch eine Möglichkeit finden, die ganz neu und sinnvoll ist? Die Voraussetzung dafür ist, ich muss mich unvoreingenommen der Weite des Freiraums öffnen.

Ich gehe davon aus, dass diese Weite nicht logisch erfassbar ist, sollte eine logische Erfassung aber dennoch möglich sein, so ist trotzdem sehr vieles, von dem in diesem Buch Gesagten gültig. Allerdings wären dann Ahnung, Gefühl und Intuition nur andere, etwas komplexere Aspekte der logischen Kombination, während ich sie als generell verschieden betrachte. Aber welche Betrachtungsweise man auch bevorzugt, das im Folgenden Geschriebene, über das Sich-Öffnen für Freiräume, gilt in jedem Fall, denn dass Gefühl und Intuition anders wirken und anders funktionieren, als unser bewusstes logisches Denken, ist klar.

Der Unterschied in den Ansätzen besteht nur in der Ebene, in der sich Logik und Intuition unterscheiden. Wer alles für logisch erfassbar hält, glaubt an eine durch und durch logisch berechenbare Welt, in der das Unberechenbare nur scheinbar auf komplexeren Ebenen auftaucht, während ich glaube, logisch Berechenbares und unberechenbare Freiräume (die deswegen nicht unlogisch d.h. der Logik widersprechend sind), können nicht auf eine gemeinsame logische Ebene zurückgeführt werden, aber sie bilden gemeinsam die Ganzheit unserer Welt, so wie Mann und Frau ein Paar und Yin und Yang das Ganze. Die verbindende Ebene liegt für mich jenseits der Unterscheidung: Berechenbarkeit, Logik - Unvorhersagbarkeit, Freiraum. Sie liegt in einer Wirklichkeit, die Raum hat für beides.

Zurück zu Vertrauen und Weite:

Wie oben schon im Blick auf die monotheistischen Religionen erwähnt, ist eine Voraussetzung dafür, dass ich bereit bin, mich zu öffnen, das Vertrauen. Daher hat der Mensch sowohl in seiner biologischen als auch in seiner kulturellen Entwicklung Mittel geschaffen, die gewährleisten, dass es regelmäßig Zeiten mit besonderen Schutzbedingungen gibt, in denen er sich vertrauensvoll öffnen kann.

Nun zuerst zu den biologischen und alltäglichen Formen, anschließend folgen Wege der Religionen.

Freiräume im Alltag

Schlaf

Eine Zeit, um sich vertrauensvoll dem Freiraum zu öffnen, ist vermutlich der Schlaf. Wir suchen dafür normalerweise einen Ort auf, an dem wir uns besonders geborgen fühlen, und wo von außen möglichst wenig unvorhersehbare Ereignisse auf uns einwirken. Wir werden ziemlich bewegungsarm, so dass wir uns nicht unkontrolliert in Gefahren begeben. In diesem äußeren Schutzraum können wir die inneren Schutzmauern der Ordnung und Kontrolle fallen lassen. In diesem Schutzraum können wir einen Freiraum für alles Erlebte und Erfahrene aufbauen. Wir können alles, was uns irgendwie beeindruckt hat, in völlig neuer Weise - ohne Zensur - auf uns wirken lassen. Absurde Formen, die im wach-aktiven Leben existenzbedrohlich sein könnten, dürfen sich entwickeln. Wandlungen, die in der Wachwelt unmöglich scheinen, und die wir im Wachsein auch gedanklich nicht zulassen, da wir sie für Bilder einer Geisteskrankheit hielten, laufen ab. Die verrücktesten Verbindungen ganz verschiedener Ereignisse können entstehen. Personen, die es gar nicht gibt, oder die sich nie treffen würden, gestalten auf einmal einen Handlungsablauf. Sie tun plötzlich Dinge, die sie sonst nie tun würden. Träumen: das ist die Möglichkeit, am Tage Erlebtes oder lang Vergangenes in völlig neuen, mehr oder weniger unkontrollierten Zusammenhängen zu erleben. Das kann schöpferische Kraft haben. Es sind schon manche Menschen am Morgen mit einer Problemlösung aufgewacht, an die sie am Abend nie gedacht hätten. Nicht umsonst sagt man auch: "Schlaf erst mal eine Nacht darüber!", - um Abstand zu gewinnen und so wieder eine größere Offenheit für noch unerkannte Möglichkeiten zu schaffen.

Neben vielleicht noch anderen biologischen Öffnungsphasen für die Möglichkeiten der Freiräume, gibt es auch sehr viele kulturelle Erscheinungen, die den Rahmen für ein regelmäßiges Öffnen gewährleisten.

Arbeitsrhythmus

Arbeitspausen. Diese sind (waren?) Gelegenheit, von der Arbeit Abstand zu nehmen (Abstand: Blick weiten). Man kann mit den Kollegen sprechen, dabei vielleicht gemeinsame Lösungen finden oder einfach die Kollegen auch als Menschen mit ihren alltäglichen Sorgen und Freuden wahrnehmen. Man lernt verstehen, warum einer an manchen Tagen nicht so gut arbeitet (z.B. weil seine Frau im Krankenhaus operiert wird), oder warum jemand genau an einem

29

bestimmten Tag Urlaub haben will, oder dass ein Kollege auch mal privat ganz gerne etwas mit einem zusammen unternehmen würde, usw.. Die Pausengespräche nehmen einen nicht vorgegebenen Verlauf. Sie sind auch in keiner Weise vorausberechenbar, da ja mehrere Personen sich einbringen und jeder jederzeit dem Gespräch eine neue Wendung geben kann. Und trotzdem werden in einer gelockerten Atmosphäre meist alle Themen angesprochen, die den Menschen gerade am Herzen liegen. Voraussetzung ist aber eben diese gelockerte Atmosphäre, in der sich die Beteiligten geborgen fühlen. Wenn z.B. einer unter ihnen immer gleich alles dem Chef erzählt, wird die Atmosphäre sofort "vergiftet", - wie bedrückend das empfunden wird, zeigt, wie wichtig diese Offenheit und der schützende Rahmen dazu sind.

Spiel

Ein anderer offener Bereich ist der des Spiels. Kinder können hier Erfahrungen unter verschiedensten Bedingungen nachspielen und neu variieren.

Spiele bestehen selbst meist aus einem festen Regelteil (z.B. ein Brettspiel, oder ebenso wenn Kinder Mutter und Kind oder Räuber und Polizist spielen, wo gewisse Rollen-Regeln einzuhalten sind) und einem spontanen Anteil. In der guten

Mischung liegt der Erfolg eines Spieles und das Vergnügen der Spielenden begründet. Wichtig ist, dass der Spielverlauf und der Spielausgang jedes mal wieder ein bisschen anders sein können. Einem Schachspieler, der (praktisch unmöglich) alle nur irgendwie möglichen Spielvariationen bereits kennen würde, wäre das Spiel wahrscheinlich langweilig (außer es interessiert ihn vorwiegend die psychologische Komponente seines Gegenübers).

Das Erwarten des Überraschungseffekts ist ein wichtiges Element beim Spielen. Das Entdecken noch nicht erkannter Möglichkeiten und Chancen ein großer Spielanreiz.

Kinder, die fast nur noch vor Scheinwelten und Scheinspielen sitzen (d.h. z.B: Fernsehen, Video, Computer-Spiele mit relativ gleich zu erwartendem Ausgang), werden um einen lebendigen Anteil ihres Daseins betrogen

Lernen

Die Schule vermittelt den Kindern Erfahrungswissen, das Erwachsene über viele Generationen erworben haben, aber die Schule vermittelt es quasi autoritär. Das ist nicht verkehrt, denn lange Erfahrung schenkt Autorität. Das Problem ist, erstens: vieles wird den Kindern nicht aus erster Hand vermittelt, d.h. der Lehrer hat es auch auf einer Schule / Universität gelernt und zweitens, die lange Dauer (mehrere Stunden mit nur kurzen Pausen) dieser Vermittlungsform ist nicht kindgerecht (ich würde sagen, auch nicht erwachsenengerecht). Wie viel menschlicher ist da z.b. die praktische Vermittlung von Wissen in einer Lehre oder beim Mitarbeiten z.b. in Haushalt oder Landwirtschaft. Da wird etwas erklärt, dann praktisch vorgeführt und praktisch nachprobiert. Der Sinn des Tuns ist meist offensichtlich und die Erfahrung der Lehrenden die eigene. Wenn sich in der Vermittlung Fehler einschleichen, werden diese von der Praxis schnell korrigiert (z.b. einer hält die Sense beim Mähen falsch: entweder er verletzt sich oder ist viel langsamer als die anderen, was ihn schnell dazu führt, zu überprüfen, was die anderen anders machen). Das heißt, dieses Wissen ist nicht starr, sondern es ist in den Erfahrungs - Freiraum eingebettet, wird innerhalb diesem "eigenhändig" ab und zu variiert, verbessert, bereichert oder auch durch Erfahrungen des Nicht-Möglichen korrigiert. Dieses Wissen ist mit dem Freiraum, den der Handlungs-Spielraum gibt, verwachsen. Wer aus diesem Wissen heraus handelt, kann bei Bedarf auch viel leichter etwas verändern. Erstarrtes Wissen dagegen wird gefährdet, wenn es auch nur ein wenig variiert wird, da keiner mehr da ist, der beurteilen kann, ob eine Änderung noch sinnvoll ist.

Dennoch sind wir inzwischen hochgradig abhängig von solchem starren Wissen. Wir müssen vieles ganz einfach glauben (z.B. dass in einer Verpackung beim Einkauf auch drin ist, was drauf steht, dass uns bestimmte Rechte gewährt werden, dass die Bremse im Auto funktioniert, dass der Arzt mit seinen Werten meinen Körper richtig versteht, usw.). Früher waren wir den Naturgewalten mehr ausgeliefert als heute, heute sind wir dem Wissen anderer Menschen, undurchschaubaren weltweiten Zusammenhängen, dem Computer und der für einen einzelnen immer unverständlicher werdenden Technik ausgeliefert Es gibt niemanden, der alles zusammen durchschaut.

Feiern

Bei Festen wird ausgesprochen bewusst alles einmal anders als sonst gemacht - ansonsten wäre es kein Fest. Und außerdem wird viel getan, die Atmosphäre "aufzulockern", d.h. von eingefahrenen Verhaltensweisen frei zu machen. Wenn man einmal darauf achtet, zeigt es sich, dass Feste ausgesprochen alle möglichen Mittel einsetzen, um einmal ganz anderes, sonst nicht gestattetes Verhalten auszuprobieren: man zieht sich anders an, man macht so deutlich, dass man nicht in seiner üblichen Rolle gesehen werden will (Festkleidung oder Faschings-Verkleidung - beide bewirken dies).

33

Der Festschmuck macht deutlich, dass für kurze Zeit alles anders ist. Der Alkohol (in anderen Kulturen auch andere Drogen) lockert bestimmte Einschränkungen, die oft durch die tägliche Gewohnheit entstanden sind, auf. Ähnlich wirkt Musik. Früher war das Tanzen einer der wenigen Möglichkeiten, sich körperlich öffentlich näher zu kommen. Bei manchen Festarten war es früher üblich, Gedichte oder Spottverse vorzutragen, die die darin beschriebenen Menschen in ein neues Licht setzten. Rangordnungen konnten bei manchen Festen (z.B. Fasching) übergangen werden. Es gibt sogar Bräuche, in denen bewusst die Rangordnung in einer "verkehrten Welt" kurzzeitig auf den Kopf gestellt wird. Wer sich auf einem Fest wie an einem normalen Alltag verhält, wird nur ungern gesehen, über die Arbeit zu reden ist großenteils unerwünscht.

Feste sind also auch kulturell festgelegte Zeiten mit einem bestimmten Rahmen für Verhalten, durch den ausgesprochen geändertes Verhalten, also neue Möglichkeiten des Umgangs, erprobt werden. Dabei gibt zwar der Rahmen einen Schutz, dass nichts Unerträgliches passiert und ebenso, dass man nicht in den Arbeitsalltag zurückverfällt - aber das Wesentliche ist doch, dass alles einmal anders ist und Offenheit für Spontanität besteht. Wie viele Freundschaften, Arbeitsgemeinschaften und Ehen mögen auf Festen ihren

Anfang genommen haben!

Im Freiraum, das wurde oben schon gesagt, muss eine Atmosphäre des Vertrauens herrschen, sonst wird alles steif und unsicher. Die kulturell erworbene Gestaltung von Festen schafft einen Rahmen des Vertrauens, eine Sicherheit, dass hier ein Freiraum ist, in dem Spontanität auf gewissen Gebieten ausnahmsweise mal nicht verurteilt wird. Dies ist wohl ein Grund dafür, warum "spontane Spontanität" viel seltener klappt. Der eine mag wohl gerade das Bedürfnis nach freierem Handeln haben, während aber der andere sich dadurch gestört fühlt. Der kulturelle Rahmen dient hier quasi als Übereinkunft, wo und wann gewisse Formen der Spontanität erlaubt und sogar gewünscht sind.

"Ausstrahlung" eines Menschen

Es könnte sein, dass auch die Ausstrahlung eines Menschen mit seinem Umgang mit Freiräumen zu tun hat. Das Wort "Aus-Strahlung" deutet ja schon in diese Richtung. Strahlen durchqueren Freiräume. Ohne Freiraum gäbe es keine Strahlung. Wenn ich eine Taschenlampe an die Wand halte, kann sie kaum mehr strahlendes Licht in den Raum aussenden. Ein Mensch, der im übertragenen Sinn mit dem Rücken an der Wand steht und keinen Freiraum mehr hat, wird höchstens Signale der Verzweiflung senden. Gelassenheit dagegen strahlt aus, wer weiß, dass er genügend Freiraum hat und auch ein Gefühl dafür, wie er mit diesem umgehen kann. Auflösung ohne Ausstrahlung zeigt, wer sich ohne Halt in den Freiräumen verliert (hier ist nicht die spirituell-endlose Ausdehnung in die Weite des Ewigen gemeint, sondern der ungewollte Verlust jeder Form). So spricht eine gute Ausstrahlung für Freiräume, die unsichtbar um eine Person herum bestehen, und ihre spontane Fähigkeit, diese auch sinnvoll zu nutzen.

Bedrohte Freiräume

Die oben angeführten Beispiele mögen leicht banal und selbstverständlich klingen - leider gehören aber viele Freiräume zu den im übertragenen Sinn "vom Aussterben bedrohten Arten". Vielleicht liegt es daran, dass Freiräume nicht messbar sind, ihre Wirkung nicht vorhersagbar ist. In einer Zeit, in der möglichst alles in messbaren Daten gefasst und rationalisiert wird, und in der messbare Daten sehr oft das Handeln der Verantwortlichen bestimmen, in so einer Zeit sieht es für unauffällige Freiräume schlecht aus.

Es gab schon früher Zeiten, in denen die Freiräume der Menschen sehr bedroht waren, besonders in der Epoche der industriellen Revolution vor über 150 Jahren. Es brauchte erst viele schmerzliche Erfahrungen, um zu begreifen, dass es so nicht geht.

Heute sind viele Freiräume gesetzlich geschützt. Aber der schnelle Wandel unserer heutigen Zeit bedroht viele Freiräume auf andere, oft subtilere Weise. Wir müssen daher hellhörig werden, für unsere Freiraumbedürfnisse - gerade auch für die ganz alltäglich banalen. Es wäre besser, Freiräume schon zu schützen, bevor man durch Zusammenbrüche verschiedenster Art (Mensch, Betrieb, Gesellschaft) merkt, dass es so beengt und eingezwängt eben nicht geht. Das bedeutet aber, dass man sich beim heutigen rasanten Wandel der Verhältnisse deutlich bewusst machen muss: wo gibt es im ganz banalen Alltag wichtige Freiräume, die erhalten werden sollten? Auch wenn diese Freiräume auf den ersten Blick unwichtig und trivial erscheinen, sind sie ernst zu nehmen.

Allerkleinste Freiräume - auch wichtig

Oft übersieht man gerade die Bedeutung der allerkleinsten alltäglichen Freiräume, wie z.B.: ein Arbeitnehmer muss zu einem anderen gehen, dort redet er für fünf Minuten (und ab und zu auch mehr) mal nicht nur über die Arbeit sondern auch über Sorgen, Krankheiten oder freudige Erlebnisse und gute Erfahrungen aus seinem Privatleben. Die kurze Arbeitssitzung beim Vorgesetzten kann sich, wenn dieser (oder auch mal umgekehrt der Mitarbeiter) wirklich zuhören kann (d.h. dem Gespräch auch einen freien Verlauf erlaubt und trotzdem aufmerksam bleibt), zu einem langen wichtigen Gespräch privater oder arbeitsmäßiger Natur entwickeln. Ebenso kommt ein kleines Gespräch mit Bekannten spontan bei Begegnungen auf der Straße zustande. Vielleicht entsteht dabei die Idee für eine gemeinsame Unternehmung am Wochenende.

Oder man gönnt sich eine kurze Ruhepause, blickt aus dem Fenster und sieht auf die Bäume, die ihre Gestalt im Laufe des Jahres verändern und spürt den großräumigen Lauf der Zeit und fühlt, dass Dinge, die im Moment so wichtig und drängend erscheinen, morgen vielleicht schon vergessen sind. Man kann auch - meist unbewusst - die Vielfalt der Gestaltungsmöglichkeiten in der Natur wahrnehmen (so ist jedes Blatt des Baumes ein klein wenig anders als jedes andere) und so etwas von der spielerischen Freiheit ahnen, die in unserer Welt immer besteht. So ein paar Minuten (oder sogar nur Sekunden) dauernder, "träumerischer" Blick aus dem Fenster kann so eine innere Verbissenheit auflockern und das Arbeiten und den Alltag erheblich bereichern.

Erfahrung ist für Vertrauen in Freiräume nötig

Es gibt keine Garantie dafür, dass sich in Freiräumen Sinnvolles ereignen wird - aber es ist sicher, dass ohne Freiräume Systeme und Gesellschaften nach und nach zerbrechen. Der Alltag ist die Basis und die Basis braucht die Freiräume, wie alles andere auch, um lebendig und gesund zu bleiben. Der sinnvolle und angemessene Umgang mit Freiräumen muss aber manchmal erst erlernt werden. Erfahrung kann hier nicht durch Anweisungen ersetzt werden, denn die Offenheit für das Unberechenbare ist ja gerade das Wesentliche der Freiräume. Der Mensch ist aber durch Erfahrung und Intuition in der Lage, das Unberechenbare der Freiräume ganzheitlich einzuschätzen und sinnvoll zu nutzen.

Dafür ist aber wieder eine gewisse Stabilität sinnvoll (natürlich nicht völlig, denn auch Freiräume brauchen nicht nur feste Rahmen für das Vertrauen, sondern hin und wieder auch Freiraum-Freiräume, d.h. auch die Freiräume müssen sich wandeln können). Wandeln sich die Freiräume zu schnell, ziehen das nötige Vertrauen und die Erfahrung nicht nach, und die propagierten Freiräume sind nur angstbesetzte Scheinfreiräume. Freiräume im Vertrauensrahmen dagegen sind freudig erfüllt mit der Erwartung neuer spontan sich einstellender Gegebenheiten. Das ist doch ein ganz wichtiger

Teil dessen, was unsere Freude und unseren Spaß am Leben ausmachen.

Freiräume im religiös-spirituellen Bereich

Vielleicht erstaunt es Sie, dass in einem Buch dieser Art immer wieder religiös-spirituelle Themen auftauchen. Aber ich denke, es ist wichtig, Schritt für Schritt Wissenschaft und spirituelles Wissen wieder zu befähigen, sich miteinander auszutauschen. Denn die Religionen haben in der Vergangenheit so sehr unsere Kulturen bestimmt und haben auch so viel Wissen und Erfahrung angesammelt, dass es unsinnig wäre, sie auf Dauer aus unserem Wissensprozess auszugrenzen. Vielmehr kann ein ernster, sehr offener, unvoreingenommener Dialog meiner Ansicht nach für alle sehr fruchtbar werden.

Aufbau von Vertrauen

Wie aber wird das Vertrauen aufgebaut, das in jeder Religion notwendig ist, um zur Weite der allumfassenden Schau des Wesentlichen zu gelangen?

Ganz wichtig sind hier die Menschen selbst. Ihr Zeugnis vermag es, den anderen das Vertrauen zu schenken. Immer wieder gibt es Menschen, die die Ganzheit, den Sinn und das Gute der Welt so tief erleben, dass sie es vor anderen glaubhaft bezeugen können. Diese Menschen können selbst Gott sein (Jesus Christus), Buddhas, berufene Propheten, vielleicht auch Schamanen und Heiler, *(hier noch 2017 nachträglich ergänzt: Priester)* oder Menschen, die einen tiefen Zugang zum mystischen Erleben haben oder erleuchtet sind. (Auch Eltern können ihren Kindern, durch ihre Liebe, Vertrauen in das Leben und das Gefühl, dass die eigene Existenz im Allumfassenden sinnvoll ist, vermitteln.) Menschen können wie ein geistiges Feuer andere Menschen "entflammen", die dann wiederum dieses Feuer weiterreichen. Solche Menschen können verwandelnd auf andere Menschen wirken (durch Wort, Wirken, Verhalten oder reine Anwesenheit), so dass diese sich vertrauensvoll ganz öffnen und damit die allumfassende, unendliche und ewige Weite des Geistes wahrnehmen können. Die vorher unheimliche Leere um uns herum und die Unberechenbarkeit der Ereignisse werden dabei zu einer geistvollen Fülle an verbindendem Freiraum.

Die Religionen haben aber auch überall nicht nur Menschen hervorgebracht, die ihre Inhalte glaubwürdig und überzeugend vermitteln konnten, sondern sie haben auch viele kulturelle Traditionen und Riten entwickelt, die es den Anhängern erleichtern, Zugang zu den religiösen Inhalten zu finden. Hiervon soll als nächstes die Rede sein.

Kulturelle Traditionen und Riten

Wichtig ist sehr oft der persönliche Kontakt und die Gemeinschaft. Der Lehrer, Guru oder Meister, *(hier noch 2017 nachträglich ergänzt: Priester)* der mit seiner Sicherheit dem anderen das Vertrauen zur offenen Schau schenkt, die Gemeinschaft, die gemeinsam z.b. im Gebet Gott anruft und so sich wechselseitig im Glauben bestärkt und eine Atmosphäre starker Hinwendung und starken Erlebens schafft. Es ist ein besonderes Erleben, wenn man in Gemeinschaft spürt, dass bei einem selbst und auch bei anderen eine Weite da ist, in welcher man gemeinsam den Geist erahnt und dem Wesentlichen, das ohne Worte ist, sich nahe fühlt.

Aber auch eine feste äußere Form spielt eine wichtige Rolle. Es ist, als müsste immer eine Ausgewogenheit zwischen festigender Begrenzung und freier Öffnung bestehen, d.h., dort wo sich die Menschen innerlich weit öffnen, müssen sie äußerlich gefestigt werden.

So gibt es genau einzuhaltende Riten und wiederholte Abläufe. Ein Gottesdienst z.B. hat einen in den meisten Punkten fast immer gleichen Ablauf. Profane Handlungen wären hier schon längst äußerst langweilig geworden, keiner würde mehr an ihnen teilnehmen. Da aber im religiösen Bereich innerlich viel geschieht, so ist die äußere Gleichmäßigkeit wohltuend. Zu viel dauernde Neuerung würde bei der Versenkung in tiefere Schichten des Erlebens sogar störend wirken.

Das Rosenkranzgebet z.B. ist ein Beispiel für ganz stark ritualisiertes Beten. Aber in diesem monotonen, sich stets wiederholenden Singsang kann sich der Geist quasi hineinfallen lassen, um dann entspannt die Weiten des geheimnisvollen Ganzen zu erahnen.

Weite und Offenheit wird in den Religionen übrigens auch bildlich und erlebnisreich veranschaulicht. Wunder-Erzählungen sollen u.a. vermitteln, dass immer noch mehr möglich ist, als die Alltagserfahrung uns lehrt. Manche Krankheit mag allein durch die dadurch entstandene Offenheit und Hoffnung geheilt worden sein.

Auch die Wallfahrten sind ein gutes Beispiel. Der Weg führt oft tagelang über Berge und Täler, bietet immer wieder neue Aussichten in die Weite des Landes. Der Weg dehnt sich auch physisch wahrnehmbar in die Länge, die weite Entfernung lässt sich auch oft an den Fußblasen erkennen. Sehnsucht - das weite Ausdehnen nach einem entfernten Ziel - stellt sich ein. Sehnsucht anzukommen. Und doch ist der Weg selbst schön. Neue Menschen, neue Gespräche, neue Gedanken, neue Gefühle stellen sich ein. Vom sorgenvollen Alltag kann man Abstand nehmen, alles aus einem weiteren Blickwinkel sehen. Das Wallfahrtsziel bildet den festen Orientierungspunkt, der hilft, sich nicht zu verlieren. Das Vorbeiziehen der Landschaft gibt einen Eindruck von der Veränderlichkeit und Vergänglichkeit, die zugleich doch immer wieder ein einheitliches, ganzes Bild ergibt. Viele Landschaften wachsen zu einer Art inneren Landschaft zusammen. Der körperlichen Anstrengung steht geistige Entspannung und Weitung gegenüber. Das zeitweilige gleichmäßige Rosenkranzbeten kann auch bei großer Müdigkeit die Beine immer weiter laufen lassen, weiter, weiter... .

Auch Licht kann Raum und Weite veranschaulichen: das matte Kerzenlicht, das den großen Raum einer dunklen Kirche sanft durchflutet, kann die Größe des Raumes aufscheinen lassen. Die Orgel, die durch den Kirchenraum dröhnt, lässt mit ihrem Echo die Tiefe des Raumes spüren, die Kirchenglocken, deren Klang weit über das Land hinweg erschallt, lassen Weite fühlen. Ein Buddhist wurde einmal erleuchtet, als er das Bellen eines Hundes von einem weit entfernten Kloster hörte. Auch ein solches Hör-Erlebnis kann Weite und Raum vermitteln. Auch die "Altehrwürdig-keit" der Rituale ist ein Symbol für Weite: für die Weite der Zeiträume.

Die unterschätzte Bedeutung der Gefühle

Ausdehnungen sind für die Logik leere Räume zwischen zwei Punkten. Sie kann nicht alle möglichen Punkte zwischen den Grenzpunkten benennen, da es unendlich viele sind.

Das Gefühl scheint sich geradezu selbst in die Weite der Möglichkeiten-Freiräume hinein auszudehnen. Schon das Wort "Gefühl" oder englisch "Feeling" ist ein sehr gedehntes Wort. Gefühl, das sich frei fühlt, scheint sich unendlich weit auszudehnen, während es sich in Angstsituationen ganz eng zusammenzieht .... Entsprechend erkennt man, wenn man sich frei und gelassen fühlt, viel leichter neue Möglichkeiten, während man im Zustand der Angst sich ganz eingeengt fühlt.

Es gibt also auch eine Hierarchie der Gefühle. So kann ich zwar unangenehmen Schmerz empfinden, wenn ich mich stoße, aber wenn ich gerade frisch verliebt bin, dann wird das meiner guten Laune kaum viel schaden. Wenn ich aber heftigste Zahnschmerzen bekomme, wird mein Gefühl der Verliebtheit wahrscheinlich zeitweilig in den Hintergrund treten, und die Sehnsucht nach einem Zahnarzt wird größer sein.

Es gibt also eine Ordnung in meinen Gefühlen. Ich kann auch Mehreres zugleich fühlen - z.B. unglücklich über den Verlust einer Freundschaft sein und gleichzeitig dennoch mich an einer schönen Blume erfreuen (selbst erlebt). Ich kann in den Ferien das Gefühl haben, sehr viel Zeit zu haben, aber ich kann mich trotzdem im Moment gehetzt fühlen, weil ich gerade noch eine Fähre zu einer Insel erreichen will.

So gibt es bei mir gleichzeitig eine Vielzahl von Gefühlen, manche bewusst erlebt, andere mehr im Unterbewusstsein. Trotzdem fühle ich mich normalerweise nicht total verwirrt und diesem Wirrwarr hoffnungslos ausgeliefert. Was ordnet die Gefühle und fügt sie in sinnvoller Weise ineinander und zusammen? Ich vermute es sind Ziele und dahinter der Sinn. Die direkten Ziele sind vordergründiger und dienen einem dahinter liegenden Sinn, der nicht mehr logisch benennbar ist, aber sehr wohl umfassend spürbar.

Je mehr ich mich für den allem zu Grunde liegenden Sinn öffnen kann, desto sinnvoller und einfach und klar werden auch meine Gefühle geordnet und ineinander gefügt. Je vordergründiger und oberflächlicher mein Erleben ist, desto leichter sind auch die Gefühle in Verwirrung zu stürzen.

Wie einzelne Erscheinungen zum wesentlichen, allumfassenden Sinn stehen, das erkennt das Gefühl am Wesen, das diese Erscheinungen offenbaren. So ist es erstaunlich, dass Erscheinungen aus ganz verschiedenen Bereichen ihrem Wesen nach verwandt sein können. So kann ein Ton im Wesen einer Farbe ähneln sowie einem Menschen: z.B. schrille Farben und schrille Töne, und bei Menschen eine schrille Art, oder sanfte Farben, sanfte Töne, sanfte Menschen. Bilder können ähnliche Stimmungen zeichnen wie Musik, beide können bestimmten Situationen entsprechen: z.B. ein erhebendes Bild von der Entzündung des olympischen Feuers, zusammen mit einer erhebenden Musik für einen erhebenden Moment (Beginn der olympischen Spiele).

Das Wesen einer Erscheinung ist also in ihrem Ausdruck nicht primär an das Medium gebunden, durch das sich die Erscheinung ausdrückt. Es wird etwas dahinter Liegendes angesprochen und ausgedrückt.

Was wären wir denn ohne Gefühle? Nichts wäre mehr von Bedeutung. Es wäre egal, ob wir leben oder nicht, ob wir

Sinnvolles tun oder nicht, ob wir gesund sind oder nicht, ob wir Freunde haben oder nicht. Wie Roboter mit irgend einer von außen einprogrammierten Aufgabe, würden wir unser Bestes tun, die Aufgabe zu erfüllen - aber wenn das nicht klappen würde, wäre es uns auch egal, wenn wir es aber bestens schaffen würden, ließe das uns genauso kalt.

Wenn es Gefühle in der unbelebten Materie gibt, dann sind sie sicher viel einfacher und elementarer, als die der belebten Wesen. Aber woher sollen Gefühle in belebten Wesen kommen, wenn ihre Grundelemente nicht schon in der sogenannten unbelebten Natur vorhanden sind? Ich kann mir nicht vorstellen, dass sie plötzlich, mitten in der Weltgeschichte aus dem Nichts auftauchen. Und dass gefühllose chemische Verbindungen auf einmal Gefühle hervorbringen sollen - daran kann ich auch nicht glauben. Ich kann glauben, dass sie auf Gefühle wirken können, aber nur, weil sie selbst einen Gefühlsbestandteil in sich tragen.

Wie dem auch sei, für uns Menschen zumindest vereinigen sich im Fluss der Zeit die Tatsachen und die Empfindungen zur Wahrnehmung der Wirklichkeit - so wie durch einen Reißverschluss zwei getrennte Teile zu einer Ganzheit verbunden werden und verbunden bleiben.

Ich denke, wir sollten "respektvoller" mit unseren Gefühlen umgehen - sie sind es, die uns mit dem Ganzen verbinden, sie sind es, die uns den Sinn vermitteln können, sie sind es, für die wir letzten Endes, in Verbindung mit dem Sinn, gerne leben.

Die Frage nach der Bedeutung von Computern und virtuellen Welten

Übernehmen Computer zu viele Kompetenzen des Menschen?

Ein anderes Problem speziell unserer heutigen Zeit ist das Zusammentreffen der Verunsicherung der Menschen mit den scheinbar so zuverlässigen Daten der Computer. Es liegt nahe, viele Entscheidungen in die "Hand" der Computer zu legen.

Der Arzt: Allgemein werden zur Diagnose immer mehr Daten herangezogen, die ohne Computer und modernste Technik nicht zu gewinnen wären. Der Nachteil: der Arzt vertraut immer weniger seinem eigenen Gespür, seinem Blick, seiner Erfahrung. Das führt in einem Teufelskreis dazu, dass der Arzt den Patienten weniger genau mit seinen eigenen Augen beobachtet, ihm weniger geduldig zuhört, ihn nicht mehr wirklich zu verstehen versucht. (Er muss ja auch die teuren Geräte in seiner Praxis mit möglichst vielen, schnell durchgeführten Behandlungen bezahlen.) Dadurch entsteht ein weiterer Erfahrungsmangel - und so stützt er sich noch stärker auf die Technik, bis zu einem Punkt, an dem er ohne sie gar nicht mehr behandeln könnte.

Das ist jetzt nur ein Beispiel aus der Vielfalt der Lebensbereiche. Für ganz viele andere Lebensbereiche ließe sich Ähnliches sagen. Wir Menschen haben durch den Computer manche Fähigkeit verloren und vor allem unser menschliches Selbstbewusstsein - vielleicht manchmal zu Recht, denn der Mensch hat sich lange Zeit zu selbstverständlich für die Krone der Schöpfung gehalten. Aber zur Zeit neigen wir schon wieder zum Gegenteil und glauben nur noch Computern und der Technik - die Gefühle, Empfindungen, Erfahrungen und Werte der Menschen sind nur "schmückendes Beiwerk", aber nicht mehr ernst zu nehmen (außer von der Konsumgüter-Wirtschaft, die sich dieser vernachlässigten Bereiche wegen des großen Gewinns in aller Raffinesse annimmt). Der Mensch muss sich selbst als Lebewesen wieder achten lernen.

Mangel an Vielgestaltigkeit und Lebendigkeit in unserem technisierten Leben

Der Mensch kann auch durch die Umwelt, in der er inzwischen meist lebt (Häuser, Technik, Arbeitsplatz vor dem Computer), die Vielgestaltigkeit, den Reichtum und die Lebendigkeit des Nicht-linearen, des Nicht-Computer-Daten Entsprechenden nicht mehr in der Fülle erfahren, wie Menschen in früheren Zeiten. Die Häuser sind rechteckig, die

Fenster, Türen, Tische, Schränke, Spiegel - die technischen Sachen haben gerade Oberflächen und eindeutige Formen. Wie anders ist da eine Blume, ein Baum, eine Wiese, ein unbegradigter Bach - was für eine Formenvielfalt zeigen sie. Sie sind immer wieder anders und behalten doch ihre Identität. Jedes Lindenblatt ist anders - und doch sind sie alle Lindenblätter.

In der technischen Welt ist nahezu alles identisch. Ein Gerät mit einer bestimmten Typennummer ist nicht von einem anderen gleichen Typs zu unterscheiden. Wenn es Abnutzung zeigt, wird es weggeworfen. In der Natur gibt es Wachstum und Alterung, schließlich Sterben und erneutes Wachstum, sowohl durch die nächsten Generationen als auch durch die Wiederverwertung der Stoffe des toten Körpers durch neues Leben. In der Ja-Nein-Bits Computer-Welt ist diese Vielfalt noch nicht eingekehrt, und dieser organische Wandel noch nicht möglich.

Roboter zur Befriedigung von Gefühlsbedürfnissen

Für Kinder gibt es seit etwa 2 Jahren kleine kuschelige, niedliche Spielroboter, die Furbies. Sie interagieren (spielen richtig mit), wecken zärtliche und fürsorgliche Gefühle. Die sind wahrscheinlich noch ziemlich harmlos. Wie wird es aber aussehen, wenn Roboter allgemein für die Befriedigung unserer Gefühle und Sehnsüchte eingesetzt werden? Werden die Menschen dann z.b. in ihrer Freizeit die Gesellschaft von Robotern bevorzugen, da diese so programmiert sind, dass sie mehr angenehme (aber "gefälschte") Gefühle erzeugen, als wirkliche Menschen? Leider sind oberflächlichere Gefühle leicht zu täuschen. Ich hoffe aber, dass Menschen bald die Oberflächlichkeit spüren und - sofern keine Abhängigkeit entstanden ist (diese Gefahr sehe ich) - sich auch nach einer Weile wieder mehr den wirklichen Menschen zuwenden.

Können Computer werden wie wir?

Aber selbst, wenn der Computer in der Lage wäre, Unendlichkeiten zu erfassen, dann wäre er deshalb wahrscheinlich noch nicht in der Lage, als Einheit Computer Gefühle zu empfinden. Denn die rechnerischen Unendlichkeiten resultieren aus von außen gestellten Aufgaben und sind noch nicht mit dem Computer selbst und mit dem Universum als Ganzem verbunden. Die Vorstellung, dass z.B. einmal sprechende Haushaltscomputer auch gute Laune verbreiten könnten, oder böse und missmutig werden, diese Vorstellung hat mit der Frage hier nichts zu tun, denn diese geäußerten Gefühle wären nur simuliert und in bestimmten Situationen als Programm vorgesehen. Sie kämen aber nicht wirklich aus der Identität des Computers, aus der Mitte eines ihm eigenen "Ich". Auch programmierte, rein logisch vorausberechenbar ablaufende Selbsterhaltung, Reproduktion und Dazulernen bedeuten noch keine ganzheitliche Daseinsfreude.

Der Computer ist und bleibt in nächster Zeit eine Ansammlung von Atomen und Molekülen, durch die bestimmte Stromflüsse ab und zu möglich und ab und zu gesperrt sind (Ja-Nein). Der größere Zusammenhang ist für den Computer nicht als Ganzes wahrnehmbar, denn sein Programm besteht aus einzelnen isolierten Impulsen, die zwar Kettenreaktionen auslösen (und da diese bestimmte Regeln haben, gibt es bestimmte Ergebnisse), aber dahinter steht kein Eigeninteresse des Computers als Ganzes, kein Sinn, den der Computer wahrnehmen kann. Ihm ist es völlig egal, ob er richtig rechnet, oder nicht. Er hat zwar Reparaturprogramme, aber sie laufen ab, weil sie nicht anders können. Ein Computer wird für den gleichen Vorgang das gleiche Ergebnis liefern. Bei Gefühlen ist das nicht so.

Es mag zwar sein, dass die Atome und Moleküle, aus denen der Computer aufgebaut ist, auf sehr einfacher Stufe Gefühle haben, aber die haben eben nichts mit der Funktion des Computers zu tun, die wir ihm zuteilen, sie wären genauso da, wenn der Computer zu Schrott-Teilen zerlegt wird.

Sinnvolle Wahrnehmung von Wirklichkeit geschieht aber durch die Verbindung logischer Tatsachen mit Empfindungen. Ohne diese bleibt alles eine abstrakte Anordnung. Logik und Ordnung bleiben bedeutungslos. Die Empfindungen sind es, die sie mit Sinn erfüllen. Noch einmal möchte ich das Bild wiederholen, das ich schon im Kapitel über Gefühle angeführt habe: Im Fluss der Zeit vereinigen sich Tatsachen und Empfindungen zur Wahrnehmung der Wirklichkeit - so wie durch einen Reißverschluss zwei getrennte Teile zu einer Ganzheit verbunden werden und verbunden bleiben.

Auf welche Weise einfachste Gefühle zu komplexeren Gefühlen verbunden werden, weiß ich nicht. Ob es dazu eines Schöpfungswillens, eines kreativen allumfassenden Geistes bedarf? Oder werden wir eines Tages die Computer mit Gefühlen ausstatten können? Aber vielleicht kann nur der ganzheitliche, allumfassende Sinn die Wesen beseelen - vielleicht ist die Seele, ist das Fühlen-Können, ein großartiges Geschenk?

Die Antworten hierauf müssen noch offen bleiben - vielleicht sogar für immer - obwohl die Antworten für uns durchaus wichtig wären. Aber auch wenn wir noch nicht erkennen können, woher die Gefühle kommen, so sollte das Geheimnisvolle an ihnen uns doch zu großer Wertschätzung veranlassen, und wir sollten sie nicht unter der Datenflut der modernen Welt ersticken lassen. Die Computer können mit ihren Programmen nicht verstehen, dass Gefühle Freiraum brauchen. Wir müssen in der computerisierten Welt schon selbst darauf achten und dafür sorgen, dass diese Freiräume erhalten bleiben. Gefühle sind in ihrer Offenheit viel verletzlicher als "hartes" Datenmaterial. Dafür aber sind sie wie das Wasser des Lebens, beweglich und lebendig.

Lernen aus der Anschauung

Man stelle sich vor, man versuche einem Menschen, der noch nie eine Giraffe oder einen Elefanten gesehen hat, diese Tiere ohne Bild zu beschreiben. Man könnte ihm stundenlang erzählen, wie diese Tiere aussehen, wenn er versuchen würde, sie zu malen, würde aller Wahrscheinlichkeit nach etwas Komisches dabei herauskommen.

Wenn derselbe Mensch aber Gelegenheit hat, eine Minute lang diese Tiere anzuschauen, dann wird er sie viel besser malen können, und er wird sie - im Gegensatz zum oberen Beispiel - in Sekundenschnelle wiedererkennen.

Durch die Anschauung werden in einem Moment unzählige Dinge ausgeschlossen: es ist kein Stein, es ist kein Fuchs, es ist kein Buch, es ist nicht klein, es ist nicht unbeweglich, es ist nicht rot, es ist nicht technisch, nicht eckig.

Im praktischen Leben ist Anschauung unverzichtbar. Ein Handwerker - z.B. ein Schreinerlehrling - muss eben auch zuschauen können, wie man arbeitet, z.B. wie man die Geräte richtig hält und ansetzt. Wie schwierig wäre das mit einzelnen Worten theoretisch zu erklären!

Wir erleben diese Schwierigkeit, wenn wir uns ein Gerät für praktische Anwendungen kaufen, aber keine Ahnung haben, wie es richtig zu benutzen ist - dann studieren wir lange die Gebrauchsanweisung, probieren - es klappt nicht, lesen wieder, probieren anders, usw.. Wenn ein Freund da wäre, der uns zeigt, wie es geht, dann könnten wir es oft auch in wenigen Minuten. Aber so probieren wir erst etliche der falschen Möglichkeiten aus, die eine Beschreibung, die meist notwendigerweise lückenhaft bleiben muss, offen lässt.

Das "gute Beispiel", es spricht für sich ganz allein, ohne langwierige, verwirrende Erklärungen. Und das Beispiel wird zu einem Bild, das Orientierung geben kann. Ich habe nun eine Vorstellung vom richtigen Weg und kann ihn auch eigenverantwortlich - mit persönlichen individuellen Abweichungen, die aber das Gesamtbild nicht stören, selber gehen.

Das Gesamtbild erfasst eine Ganzheit, z.B. die Lage eines Ziels innerhalb eines bestimmten (Frei-) Raumes. Wenn ich z.B. jemanden das Ziel nenne (z.B. in einer großen Stadt), dann kann der andere sich seinen Weg selbst wählen, er hat ja das Bild und die Lage des Ziels im Kopf. Wenn ich dem anderen aber nur den Weg genau beschreibe (hier links, dann hundert Meter gerade aus, dann wieder links, dann rechts...), dann ist er hoffnungslos verloren, wenn er an einer

Stelle einen Fehler macht - dann findet er weder den Weg, noch das Ziel, von dem er sich kein Bild machen kann. Er ist völlig abhängig von den Anweisungen und kann keinen eigenverantwortlichen eigenen Weg finden.

Die Anschauung und das Verstehen des Gesamtbildes ist also für das eigenverantwortliche Handeln in unserem Leben von elementarer Bedeutung.

Band 1: Grundgedanken

Die folgenden drei Kapitel wurden in einem früher (1994/ 1995) geschriebenen Bändchen dargestellt, im Gesamtband sind sie mit enthalten in dem Teil, der "Band 1" genannt wird.

Elementare Grundgedanken

Im folgenden sollen die Begriffe "Sein" und "Möglichkeitenraum" definiert werden, so wie sie in diesem Buch verwendet werden. Es ist klar, dass es auch andere Verständnismöglichkeiten für diese Begriffe gibt, aber in diesem Zusammenhang sollen sie wie folgt festgelegt werden.

Das absolute Sein

Das absolute Sein hat keinerlei Eigenschaften außer eben der, dass es ist. Es besitzt keinen Raum und ist zeitlos. Man könnte es sich behelfsmäßig als punktförmig klein vorstellen, wobei der Punkt eben so unendlich klein ist, dass er keinerlei Ausdehnung besitzt. Wir sind nicht in der Lage, uns ein solches absolutes Sein wirklich vorzustellen, wir verknüpfen es automatisch mit irgendwelchen weiteren Eigenschaften, unser Denken arbeitet mit der Vorstellung von Eigenschaften, reines, pures Sein entzieht sich unserem Denken.

Der absolute Möglichkeitenraum

Der absolute Möglichkeitenraum besitzt kein Sein. Über ihn gibt es weder die Aussage: "er ist" noch das Gegenteil: "er ist nicht". Auch hier versagt unser Denken, und wir müssen uns wieder zu Hilfsformulierungen entschließen. Der absolute Möglichkeitenraum beinhaltet alle Möglichkeiten überhaupt. Es gibt keine ausgeschlossenen Möglichkeiten, er ist die absolute Fülle der Möglichkeiten. Es gibt weder seiende noch nicht-seiende Möglichkeiten, es gibt nur den Reichtum aller Möglichkeiten.

Die Vereinigung von Sein und Möglichkeitenraum

Die Welt, wie sie wir erkennen und denken können, ist ein Ergebnis einer teilweisen Vereinigung von Sein und Möglichkeitenraum: Das Sein gibt einzelnen, individuellen Möglichkeiten den Zustand des Seienden oder eben Nichtseienden. Die Welt wird polarisiert in diese zwei Zustandsweisen. Das Sein bekommt dafür durch seine Ausdehnung in Möglichkeiten hinein plötzlich Eigenschaften, es entsteht eine aus dem Möglichkeitenraum erwachsende Fülle der Erscheinungsformen des Seins (bzw. des Nichtseins), aus dem Einzigen, puren Sein wird unsere bunte, vielfältige Welt.

Das Ausschließende des Seins

Überall, wo in unserer Welt etwas seiend wird, bedeutet dieses gleichzeitig den Ausschluss unendlich vieler Möglichkeiten für dieses Seiende. Oder anders formuliert: wenn etwas im Sein individuelle Eigenschaften annimmt, so schließt es gleichzeitig unendlich viel mehr Eigenschaften aus. Z.B.: etwas Blaues ist nicht grün, nicht rot, nicht gelb (und auch nicht einer der unendlich vielen Zwischentöne). Jede Seinseigenschaft hat ausschließenden Charakter, jede Seinseigenschaft "zeugt" gleichzeitig unendlich viele Nichtseinseigenschaften. So bietet Sein nicht nur Möglichkeiten (wie wir gewohnt sind zu denken: z.b. mit einem Auto können wir dies und jenes unternehmen), sondern es schließt auch viele Möglichkeiten aus. (Mit dem Auto z.B. muss ich mich auf Straßen bewegen, muss Benzin tanken können, einen Führerschein besitzen usw.) Haben wir uns einmal entschlossen, z.B. eine Tür blau zu streichen, so ist sie nach Durchführung dieses Vorhabens eben blau, und sie bleibt es bis zu einem Neuanstrich. Im absoluten Möglichkeitenraum dagegen sind alle möglichen Eigenschaften nebeneinander aufgehoben, sie besitzen aber kein Sein. Man kann das Hinzukommen des Seins zu einer Möglichkeit auch als Prozess beschreiben, in dem Eigenschaftenfülle in Sein und Nichtsein, in hat-diese-Eigenschaft und hat-diese-Eigenschaften-nicht unterteilt wird, wobei die Nicht-Eigenschaften die seienden Eigenschaften bei weitem übersteigen.

Hypothese eines Urprinzips

In diesem Buch wird die Hypothese aufgestellt, dass die Welt sich (von unserer Wahrnehmung aus in der Zeit vorwärts) in einem ständigen Prozess der zunehmenden Vereinigung von Sein und Möglichkeitenraum befindet. Vor dem Urknall waren Sein und Möglichkeitenraum getrennt, im Urknall hat die erste Berührung stattgefunden, die eine gigantische Welle von Reaktionen auslöste und noch heute auslöst. Ihr Ende könnte diese Entwicklung in einer besonderen Art der Entropie, einer chaotischen Freiheit, finden. Dieser Zustand maximaler Vereinigung von Sein und Möglichkeitenraum wird später noch eingehender beschrieben werden *(nur im Gesamtbuch "Möglichkeitenraum")*.

Im Urknall muss der Übergang von einem eigenschaftslosen, raum- und zeitlosen Sein zu einem anfangs fast noch punkthaften, mit Eigenschaften ausgestatteten Sein vollzogen worden sein. Gleichzeitig entstand komplementär dazu das seinlose Nichts *(oder heute, 2017, würde ich statt "Nichts" lieber "Leere" sagen)*, das zumindest Eigenschaften in Negation besitzt: "es ist nicht...". Man muss sich einmal die Dramatik dieses Urgeschehens vor Augen führen. Zwei zuvor getrennte, völlig verschiedene "Welten" treffen aufeinander und reagieren miteinander und bringen so lebendig Neues hervor. Und wir stecken mitten drin in diesem Prozess, sind ein Teil davon.

Gründe, die für dieses Urprinzip sprechen

Hier werden im Gesamtbuch angeführt: Urknall, Evolution und menschliche Neugier, die Texte werden hier im Auszug nicht mit übernommen.

Bildlich-symbolische Veranschaulichung

Seinsmöglichkeiten

Alle Erscheinungen, die wir in unserer Welt mit unserem Verstand erkennen können, sind Vereinigungen von Sein und Möglichkeiten, sie werden in der Folge als "Seinsmöglichkeiten" bezeichnet: sie besitzen Sein, d.h. sie sind und sie stellen eine individuelle Möglichkeit dar. Diese Individualität wird den Seinsmöglichkeiten durch das Sein verliehen, es gibt keine zwei völlig identische Seins, die als "Zwei" erkennbar wären. Die Variationsbreite andererseits verdanken die Seinsmöglichkeiten dem Möglichkeitenraum, der ihnen unendlich viele Variationsmöglichkeiten zur Verfügung stellt.

Seinsmöglichkeiten dargestellt als begrenzte Ausdehnungen

Im Prinzip lassen sich alle Seinsmöglichkeiten als begrenzte Ausdehnungen darstellen. Sie sind alle größer als ein eigenschaftsloser Punkt, als reines Sein. Sie besitzen auf jeden Fall im Hinblick auf zumindest eine Eigenschaft eine Ausdehnung, z.B. räumlich oder zeitlich. Wäre nicht mindestens eine solche Ausdehnung vorhanden, so wäre die Seinsmöglichkeit für uns nicht erkennbar. Aber ebenso unerkennbar wäre für uns eine unendlich große Ausdehnung. Wir brauchen die Begrenzung, um etwas als individuelles Etwas erkennen und benennen zu können.

Die Begrenzung individualisiert, macht seiend. Die Ausdehnung bietet in ihrer Variationsbreite die Möglichkeitenfülle. Jede Seinsmöglichkeit kennt ein "Innen", d.h. ein Sein, das aber im Gegensatz zum absoluten Sein Ausdehnung, d.h. inneren Möglichkeitenraum, besitzt, und ein "Außen", d.h. es bewegt sich in einem noch größeren äußeren Möglichkeitenraum, den es aber nicht seiend umfasst.

Komplexität als Turbulenzen

Wenn man sich die Vereinigung von Sein und Möglichkeitenraum als das Zusammenfließen zweier großer Flüsse vorstellt, so kann man, im Bild bleibend, die Komplexität als Turbulenzen, die beim Aufeinandertreffen entstehen, bezeichnen.

Am Anfang stünden die zwei getrennten Flüsse: Sein und Möglichkeitenraum. Der Urknall wäre die Mündung, das Zusammentreffen dieser beiden Flüsse. Der Endzustand, die

Entropie, wäre die gleichmäßige Vereinigung der beiden Flüsse, die zusammen eine neue Einheit, einen neuen Fluss bilden.

Zwischen diesen beiden Zuständen, dem Moment des Zusammentreffens und dem völlig vereinigten neuen Fluss, liegt eine Phase mehr oder weniger heftiger Turbulenzen. In diesen Turbulenzen geschieht die Vereinigung bis ins kleinste und bis ins winzigste Detail. Es wird nicht nur eine bei beiden Flüssen unterschiedliche Eigenschaft vermischt, sondern es werden alle in Frage kommenden sich unterscheidenden Eigenschaften vermischt und zu einer neuen Eigenschaft vereinigt. So wären dies bei zwei wirklichen Flüssen z.B.: Fließgeschwindigkeit, Temperatur, Sandmitführung, Salzgehalt, Sauerstoffgehalt, Wassermenge, Bewegungsrichtung usw. Diese Eigenschaften durchmischen und vereinigen sich alle gleichzeitig mit Hilfe der Turbulenzen. Vielleicht sind Turbulenzen der ideale Weg, um ein oder mehr "Eigenschaftsströme" durch intensive Kontaktzonenbildung zu vereinigen (wie eben auch beim Rühren eines Teiges, dem Mixen eines Cocktails usw.).

Man kann Komplexität, im Gegensatz zum Chaos, auch als geordnete, organisierte Vielfalt an Eigenschaften definieren. (Chaos wäre demgegenüber ungeordnete, freie Vielfalt an

Eigenschaften.) Komplexität wäre dann die Turbulenz, die entsteht, wenn das geordnete, einfache Sein mit dem ungeordneten, vielfältigen Möglichkeitenraum zusammentrifft. Komplexität wäre dann der schnellste Weg, Sein und Möglichkeitenraum auf allen (Dimensions-) Ebenen zu vereinigen. Auf diesem Weg würde sich erst eine Zunahme der Komplexität einstellen (wie die Turbulenzen bei einer Flussmündung), diese würde immer mehr Ebenen ergreifen, um schließlich, mit zunehmender Vereinigung zu verflachen und einer neuen Qualität Platz zu machen (neuer Fluss, Entropie, Chaotische Freiheit).

Ausblick: Die Notwendigkeit der schauenden Wahrnehmung des inneren Möglichkeiten raums

Die Notwendigkeit, den inneren Möglichkeitenraum wahrzunehmen

Wie wir gesehen haben, besteht alles, was wir wahrnehmen können (d.h. alle Seinsmöglichkeiten), aus Sein und Möglichkeitenraum, aus Begrenzung und Ausdehnung. Unser logisches Denken erkennt aber nur die Begrenzungen (das Seinshafte der Seinsmöglichkeiten), denkt in Maßzahlen, auch Ausdehnungen werden in begrenzenden Maßzahlen ausgedrückt, die punkthaft und nicht wirklich kontinuierlich ausgedehnt sind. Das logische Denken kann die unendliche Unendlichkeit einer kontinuierlichen Ausdehnung nicht fassen. Wenn wir versuchen, die Fülle einer Ausdehnung zu denken, dann greifen wir automatisch zum Hilfsmittel exemplarischer, stellvertretender Einzelpunkte (z.B. einen Kilometer können wir auch denken als Abschnitte von 10 mal 100 Metern oder 740 m plus 60 m plus 200 m, usw., usw., aber nie können wir logisch die unendlich unendliche Fülle aller Örtlichkeiten der kontinuierlichen Ausdehnung eines Kilometers erfassen. Gleiches gilt natürlich nicht nur für räumliche Ausdehnungen, sondern für alle Eigenschaften die eine kontinuierliche Ausdehnung aufweisen).

Das bedeutet aber ganz einfach, dass unser logisches Denken nur die eine "Hälfte" der Welt, deren Bestandteil wir sind, wahrnehmen kann. Aber die andere "Hälfte", der Möglichkeitenraum, ist genauso allgegenwärtig und wirkt, wie der Seinsaspekt, in allem mit. Allerdings ist er nicht bestimmend, nicht mächtig, nicht "aktiv tonangebend", er ist nur einfach da in seiner Fülle - und das allein verändert die Welt. Er ist eben eine ständige Möglichkeit, ein gewaltloser Sog, der aber die Welt in Bewegung hält.

Unter diesem Aspekt wird es verständlich, dass auch für den Menschen eine Wahrnehmung, eine Schau des inneren Möglichkeitenraums wesentlich ist. Unser Problem heute ist, dass wir gewohnt sind, logisch zu argumentieren (experimentelle Ergebnisse gelten dann etwas, wenn sie immer wiederholbar sind, d.h. keine Variation, keine Möglichkeitenfülle aufweisen. Das Unstete, nicht auf den "Punkt-zu-Bringende" fällt so durch die Beobachtungsschemata durch). Logische Begründungen, logische Schlüsse gelten als vollkommen, man traut ihnen zu, letztendlich alles zu erfassen. Ist dies auch nicht immer ausgesprochen so, so zeigt doch unser Verhalten immer wieder, wie sehr wir dieser Einstellung huldigen. Der Blick auf den Seinscharakter der Welt, auf ihre Begrenzungen und die Regeln ihrer Begrenzungen hat uns auch viel Veränderung gebracht, unsere heutige Technik- und Computerwelt ist ein Produkt des vorwiegenden, logischen Regel- und Begrenzungsdenkens. Klar wurde unsere Welt eingeteilt in: "das geht" und "das geht nicht". Diese Präzision war Voraussetzung für die Leistungen der modernen Technik.

Irgendwo im Hinterkopf war auch der Glaube immer vorhanden: wenn wir nur sorgsam und klar genug in "geht" und "geht nicht" trennen können, dann wird sich unsere Welt wie ein durchschautes Labyrinth entwirren, und irgendwann werden wir an dem Ziel ankommen: "alles, was wir wollen, geht". Erst in den letzten Jahrzehnten wurden die Zweifel daran immer größer. Übersehen wurde auch meist, dass wir unseren Blick immer enger machten, indem wir immer enger auf das sahen, was wir wollten. Dies ist verständlich, denn, wenn man erreicht, was man will, dann konzentriert man sich auch darauf. Nur ging dabei die "Beschaulichkeit" verloren, und fast ganz unbemerkt ging die Wünschefülle verloren. Wir sind nicht mehr offen zum Träumen, wir haben uns daran gewöhnt, das zu wollen, was wir logisch als erfüllbar sehen: ein Auto, eine Reise, eine Gehaltserhöhung. Wir träumen nicht mehr vom Unerfüllbaren, es gibt keine Märchenwelt mehr für uns, wir haben die Möglichkeitenfülle der

Wünsche verloren und damit die Visionen.

Dort, wo wir nicht mehr offen sind für die unendliche Möglichkeitenfülle, verschwinden Kreativität und neue Ideen.
Standardlösungen werden zu Zielen, logisch nacheinander
aufgereiht auf einer Kurz- und Langzeitzieleliste. Aber keiner weist mehr den Weg zu ungeahnten Gefilden. Gibt es
Träume und Irrationales, so wird es oft, abgekoppelt vom
logischen Denken, in einer Schattenwelt ausgelebt. Aber wir
brauchen eine Vereinigung von beidem: der logischen und
der visionären Welt, der klaren Begrenzungs- und der
unendlich offenen Ausdehnungswelt, der Denk- und der
Gefühlswelt, der materiell mächtigen und der geistig freien
Welt.

Der offene, innere Möglichkeitenraum ist bis in die kleinsten
Alltäglichkeiten hinein wichtig (z.B. Gespräche führen,
Tagesablauf einteilen, Texte verfassen, Freizeit gestalten,
Freundschaft aufrechterhalten, Essen kochen, zügig und
sicher Autofahren, sich kleiden, Gegenstände geschickt
handhaben, usw., usw.).

Das logische Seinsdenken ist wichtig und wertvoll, es hat
die Stärke und Macht, Möglichkeiten ins Sein zu heben, sie
zu verwirklichen. Aber ein Seinsdenken ohne Empfinden für

den offenen Möglichkeitenraum wird starr, stirbt langsam ab. Für unser lebendiges Wesen brauchen wir beide existenziell: Sein und Möglichkeitenraum. Zusammen haben sie die Kraft und die Tiefe, eine vielfältige Wirklichkeit hervorzubringen und weiterwachsen zu lassen.

Band 2: Die Theorie im Hinblick auf Religionen und Mystik

Die folgenden Abschnitte wurden in einem früher (1994/ 1995) geschriebenen Bändchen dargestellt, im Gesamtband sind sie mit enthalten in dem Teil, der "Band 2" genannt wird.

Die Sein-Möglichkeitenraum-Theorie - ein neuer Weg zum Dialog?

Es geht mir mit der Theorie u.a. darum, eine Art neue Sprache zu finden, die beschreiben kann, wie in allen logisch und wissenschaftlich erkennbaren Phänomenen der Aspekt von Unendlichkeit, von Unbegreiflichkeit, von Geheimnis ganz "natürlich" enthalten ist. Es geht mir darum, zu zeigen, dass dieses Enthaltensein keinerlei Widerspruch zur Logik bildet, sondern eine lebendige Ergänzung. Die Logik kann diese Inhalte nur von außen erfassen und beschreiben, so wie man einen Topf durch die Form seiner Wand beschreibt und doch die Leere im Inneren meint. Armut und Austrocknung der Wahrnehmung geschieht aber, wenn ich die logische, äußerliche Beschreibung als die einzige Wahrheit zulasse.

Das Unfassbare muss aber überhaupt nicht der Logik widersprechen (so wenig, wie Leere im Topf der Topfwand, der Topf als Ganzes besteht aus beidem). Trotzdem wurde und wird dies oft so empfunden. Als Lösung wurde dann jeweils das Eine oder das Andere verteufelt oder als unwahr angesehen. Eine andere Lösung, die heute mehr akzeptiert wird, ist, beide Bereiche, d.h. logisch-wissenschaftlich-technisches Denken einerseits und Gefühle, Mystik, Religion, etc. andererseits, als voneinander losgelöst zu betrachten und zu versuchen, sie getrennt zu leben. Dies ist für mich persönlich ein zur Not gangbarer Weg, aber auf die Dauer sehr unbefriedigend, ein Weg der mich letztendlich innerlich zerreißen muss.

Ich glaube, heute liegt das Problem, dass die beiden Bereiche (wie z.B. vertreten durch Logik und unfassliches Geheimnis) so schwer als Ganzes gesehen werden können, weniger in der Bereitschaft der Menschen, als im Fehlen einer Sprache, im Fehlen von Begriffen, die in beiden Bereichen Gültigkeit haben. Die wissenschaftlich-technische Sprache hat sich losgelöst von der Heils- und Mystiksprache der Religionen. Begriffe, wie "DNS, $L=mc^2$, Schwerkraft, Programmierung, Software, Hardware, etc." stehen völlig fremd neben Begriffen wie: "Erlösung, Liebe, Demut, Weihe, Erleuchtung, etc.". Es gibt keine wichtigen Worte mehr, die in beiden Bereichen lebendig sind, und die zugleich beide Bereiche ansprechen. "Licht" war z.B. früher ein solches Wort, es bezeichnete die physikalische und die geistige Erscheinung gemeinsam (siehe dazu Arthur Zajonc:

"Die gemeinsame Geschichte von Licht und Bewusstsein" Reinbeck bei Hamburg 1994). Heute versteht man unter dem physikalischen Licht etwas ganz anderes als z.B. unter dem Licht der Erleuchtung - und doch zeigt die Quantenphysik, dass Licht auch andere Eigenschaften als nur die einfach logisch verständlichen hat. Plötzlich wird das Licht im Bereich der Physik "mysteriös".

Mit den Begriffen "Sein" und "Möglichkeitenraum" und ihrer Vielschichtigkeit der Bedeutung (z.B. Begrenzung und Ausdehnung, Wille und Gefühl, Materie und Geist, etc.), wie sie von mir verwendet werden, lassen sich meiner Ansicht nach beide Bereiche gemeinsam ansprechen. Ich kann wissenschaftlich-logische Beobachtungen damit beschreiben, und ich kann damit auch religiöses Erleben beschreibend umfassen - und kann erkennen, dass sich beides nicht ausschließt sondern sich reich ergänzt.

Noch einmal aber möchte ich betonen: Wenn ich religiöses Erleben in dieser Sprache beschreibe, so ist es im Überwiegenden eine logisch-äußere Beschreibung (Topfwand). Sie dient dazu, die Leere im Topf für eine Verwendung offenzuhalten, d.h. die Bereitschaft, in jedem logisch benennbaren Phänomen auch das Unfassbare wahrzunehmen, wachzuhalten.

Spielfreude an Sein und Nichtsein

Ein Computer, der perfekt Schach spielen könnte, würde doch den Sinn des Spiels nicht begreifen, da er keine Spielfreude kennt. Vielleicht nehmen auch wir öfter das Werden und Vergehen, das Sein und Nichtsein (einschließlich unseres eigenen Seins) viel zu logisch ernst und berauben uns somit der Lebens-Spielfreude.

Das Wunder reinen Seins

Ist das Sein in uns nur noch Sein, wesentlich und zutiefst wahr, ist es weit geöffnet für die unendliche Tiefe des Möglichkeitenraums, es ist erfüllt von seiner lebendigen Freiheit.

Wir sind gewohnt Gegensätze als "schwarz-weiß", "ja-nein", also "Sein-Nichtsein" als Komplementäre zu denken und irgendwo dazwischen die Möglichkeiten. (Nichtsein - Möglichkeiten - Sein). Aber diese Gegensätze sind ja eigentlich nur zwei Seiten ein und derselben Medaille, sie sind nicht grundsätzlich verschieden. In Wahrheit gibt es zwei völlig verschiedene "Nichtsein". Das eine gehört dem Sein (als Negation) an, das andere der Fülle des offenen, noch nicht verwirklichten Möglichkeitenraums.

Ein Beispiel: In einer Autofabrik gibt es zweierlei Sorten von "Nicht-blauen" Autos: Einmal sind da die Autos, die fertig aus der Lackiererei kommen und z.B. rot sind. Ihr "Nichtblau" ist die Kehrseite des "Rotseins". Aber auch die unlackierten Autos sind "Nichtblau", aber sie können blau werden - oder auch nicht. Für sie ist "Nichtblau" eine Möglichkeit aus der Fülle des offenen Möglichkeitenraums. Die beiden "Nichtblaus" sind also im Wesen grundverschieden. Und so grundverschieden sind Sein und Möglichkeitenraum, und unsere Welt entsteht aus dem Wunder ihrer Vereinigung.

Wir können viele physikalische Erklärungen geben, für den Vorgang, durch den beim Lackieren ein Auto rot wird. Trotzdem bleibt das Wunder der Verwirklichung einer Möglichkeit. "Das Auto IST rot" ist viel mehr als physikalische Gesetzmäßigkeit, es ist das Wunder von Wirklichkeit.

Vielleicht ist Meditation ein Weg, sich schauend diesem Wunder zu nähern. Befreit von vielen "Wenns" und "Abers" des lauten Alltags öffnet sich die Weite und Fülle des Möglichkeitenraums, und in der Betrachtung einer Winzigkeit (z.B. blaue Blume) wird die Wirklichkeit des Seins erlebbar. Nicht ist es wichtig, wie sonst normalerweise, dass die Blume BLAU ist, sondern wundervoll ist, dass die Blume blau IST. Vor dem Hintergrund der Weite der Möglichkeitenfülle wird das Sein einer ganz individuellen Möglichkeit zum staunenswerten Wunder, das nicht vom Denken gefasst werden kann, aber das schauend erlebt werden kann.

Das Schauen der Möglichkeitenfülle in der Ganzheit von vereintem Sein und Nichtsein

Wenn wir das Sein in seiner wahren Tiefe wahrnehmen können, dann erkennen wir auch die Fülle des Nichtseins (der Leere, des Nichts *(heute, 2017, würde ich "Nichts" hier streichen)*; z.B. IST blau und IST NICHT alle anderen Farben) und zwar nicht als Verlust oder als Fehlen, sondern als hoffnungsvolle Möglichkeitenfülle, als die andere Seite des ein- und desselben, des Ein-Allen. In dieser tiefen Schau erkennen wir den Reichtum des Möglichkeitenraumes durch das Sein und Nichtsein.

Aus dieser Schau werden auch Leid und Schmerz, Unglück und Tod nur zu einem Ausschnitt des Seins. Sie verweisen vielmehr darauf, dass es eben Freude, Heilung, Glück und Leben gibt, wenn sie auch evtl. für den Moment auf der "Nicht-Sein"-Seite stehen. In Seligkeit und Ewigkeit ist alles vereint, nicht als gleichgültige Einebnung, sondern als reiche Fülle.

Die Ewigkeit enthält das Leben und den Tod. Der Tod sind die ergänzenden Möglichkeiten außerhalb mir. Sie bilden in der Ewigkeit eine Ganzheit mit mir. (Es ist sogar biologisch so: das Sterben der Lebewesen ermöglicht neue Generationen und Formen von Leben. Der Tod garantiert das lebendige, variationsreiche Fortbestehen einer Ganzheit, z.B. einer Gesellschaft, einer Art. In einer Ganzheit sind aber das Leben als auch die Variationsfülle aller Individuen enthalten. Sie besteht aus Leben und Tod, aus Einzelindividuen und Möglichkeitenfülle.)

Insofern ist die plastische Beschreibung des christlichen "Himmels" als Raum, in dem sich alle Menschen selig vereint lebend wiederfinden, durchaus entsprechend. Ewigkeit bildet eine Ganzheit aus Leben und Tod (allen außerhalb meines Seins stehenden Möglichkeiten), sie sind hier friedlich vereint. Tod oder Leben bedeuten nicht Ausschluss des anderen, es gibt nur noch die Fülle.

Ein Mensch, der Sein und Nichtsein als Fülle und Ganzheit erkennen kann, wird gelassen und frei. Er erkennt auch in allen anderen Möglichkeiten einen Teil der Ganzheit, der er auch angehört. Für ihn ist das Wechselspiel der Verwirklichung von Möglichkeiten (einschließlich seines eigenen

Seins) heiteres Spiel, ähnlich den Wellen und Sprüngen eines Gebirgsbaches. Er kann alles gelassen annehmen, geborgen in der Ganzheit. Er kann auch mit Verwirklichungen spielen, oft sehr schöpferisch - aber sie sind nicht sein letztes Ziel. D.h., er kann aktiv gestalterisch im Leben stehen, aber er weiß, dass es letztendlich nicht darauf ankommt, ob ihm etwas gelingt oder nicht. Wesentlich ist nur, Sein und Nichtsein in ihrer tiefen Wahrheit und Ganzheit zu erfahren.

Ausblick: Ausdünnung der Wahrnehmung oder Schau des Wesentlichen

Eine kleine, ganz persönliche, Wissenschaftsgeschichte, soll hier beispielhaft den Wandel in der Wahrnehmung von Wirklichkeit aufzeigen.

Als ich 1976 mein Studium der Volkskunde begann, gab es noch ältere Professoren (und auch mein Vater in seiner Freizeit), die Volkskunde noch im "alten Stil" betrieben hatten. Sie waren - oft sogar zu Fuß - durch die Länder gewandert, von Ort zu Ort, hatten ihre Beobachtungen aufgezeichnet und die Menschen, denen sie begegneten, befragten sie über ihr Leben, ihren Alltag, ihre Feste, ihre Bräuche, ihre Heilweisen, ihre Arbeitsgeräte und Häuser, ihre Sagen und Erzählungen. Sie hatten ein breites Interesse und begegneten den Menschen freundschaftlich. Aus ihren Aufzeichnungen konnten sie kulturelle Zusammenhänge, Entwicklungen und Strömungen erkennen.

Noch während meiner Studienzeit zeichnete sich ein deutlicher Umbruch ab. Diese beschauliche, "erwanderte" Volkskunde wurde in manchen Instituten mehr von empirischen Datenerhebungen abgelöst. Auswertbarkeit im Computer übte eine neue Faszination aus. Dazu wurden große, einheitliche Datenmengen gebraucht, um dann Gesetzmäßigkeiten zu errechnen. Diese Daten konnte man beim Durchstöbern alter Dokumente oder durch gezielte Fragebogenerhebungen gewinnen. Der umfassendere "Rundumblick" der alten Volkskundler war dafür zu theoriefeindlich, zu romantisch. Die Volkskunde spaltete sich zunehmend mehr auf, in die als nostalgisch verschrieenen Heimatpfleger und die sich für neutraler haltenden Theoretiker (allerdings folgten nicht alle dem neuen Trend).

Erstaunlicherweise (jedenfalls für die Theoretiker), interessierte sich von außen kaum jemand für die so gewonnenen Ergebnisse der neuen Volkskunde, die Medien z.b. griffen oft viel lieber auf Arbeiten aus der alten Volkskunde-Zeit zurück. Die Reaktion darauf war nicht die Frage, ob man vielleicht jetzt etwas falsch mache, sondern die vermehrte Anstrengung, aufzuzeigen, was früher alles falsch gemacht wurde. So wurde der lebendige Austausch zwischen alten Volkskunde-Traditionen und neuen Ideen unterbrochen. Das verstehende "Zuhören-Können" z.B., auf das sich die alten Volkskundler so gut verstanden, und das man meines Erachtens überwiegend durch Anschauung und Vorleben vermittelt bekommt, und nicht durch theoretisches Wollen erreicht, das wurde nicht mehr gelehrt.

Ein anderer Gesichtspunkt, der von der heutigen Volkskunde noch zu wenig wahrgenommen wird, sind die verschiedenen Ebenen von Wahrheit. Viele Brauchausübende betonen gerne, wie uralt ihre Bräuche (z.B. Frühlingsbräuche, Fastnacht, Wallfahrt) schon seien. Dieser Meinung gaben früher Volkskundler Nahrung, indem sie glaubten, nachweisen zu können, dass viele Bräuche auf heidnische Ursprünge zurückzuführen seien. Moderne, quellenkritische Forschung hat hier oft nachgewiesen, dass dem nicht so ist. Trotzdem hält sich in der öffentlichen Meinung in vielen Fällen sehr hartnäckig die Ansicht, dass viele Bräuche sehr sehr alt seien.

Was könnte dahinter stecken? Ich vermute, für die meisten Menschen bedeutet die Aussage, dass Bräuche sehr alt, ja sogar heidnischen Ursprungs seien, dass in diesen Bräuchen ganz elementare, ganz wesentliche Ebenen des Menschseins angesprochen werden. Und hierin könnten sie recht haben, selbst wenn die Ausgestaltung der Bräuche im einzelnen jüngeren Datums ist. Hier wird durch den Begriff "uralt" etwas ausgedrückt, was anders nicht so einfach zu erklären ist. Wesentliches hat etwas Zeitloses an sich, und Uraltes steht somit gefühlsmäßig dem Wesentlichen sehr nahe. Wenn nun die heutigen Volkskundler immer wieder aufzuklären versuchen und immer wieder zeigen, dass viele Bräuche eindeutig zu einem neueren Datum eingeführt wurden - dann machen sie zwar wissenschaftlich korrekte Aussagen, aber sie sagen vielleicht weniger über die Wahrheit des Erlebens der Menschen aus, als die alten Volkskundler, die das "Archetypische" der Bräuche wahrnahmen.

Das Archetypische, das aus grauer Vorzeit Stammende, Wesentliches: das sind wieder unscharfe Begriffe, die Unberechenbares und nicht ganz logisch Eingrenzbares bezeichnen und somit abgelehnt werden. Dies ist ein ganz typisches Symptom unserer Zeit. Diese "Versachlichung" findet nicht nur in den Geisteswissenschaften statt, sie hat Einzug gehalten in die kleinsten Details unseres Alltags, in unsere Arbeit und auch schon in unsere Freizeit.

Schon rein äußerlich wird alles in klareren Formen, Richtlinien, Zeitangaben angeordnet. Die Bauwerke und Apparate, die Bücher und Bildschirme, die uns umgeben, sind meist im Aufbau viereckig. Richtlinien müssen weniger moralisch als eindeutig sein, damit sie vor dem Gesetzgeber Bestand haben. Zeitangaben sind exakt, der Stand der Sonne im

Tageslauf, das Verhalten von Tieren und Pflanzen, das Wetter der Jahreszeiten - sie spielen keine Rolle mehr in unserer Zeiteinteilung. Dafür aber hundertstel Sekunden, die bei Wettrennen entscheiden oder in technischen Abläufen exakt berechnet werden. Die Naturwissenschaften interessieren sich nur mehr für verifizierbare Theorien, alles was dafür keine ausreichende Regelmäßigkeit aufweist, muss dabei außer Acht gelassen werden (Bereiche wie die Chaosforschung sind hier erfreuliches Neuland).

Denn wie reich ist da die Natur, die eine unendliche Wandelbarkeit zeigt, und sich trotzdem treu bleibt. Wie schwierig wäre es allein für Apparatebauer oder Architekten, ihre Gegenstände oder Häuser mit so viel Ungleichmäßigkeit zu bauen, wie es ein einziges Blatt aufweist. Und dennoch wirkt so ein Blatt in sich ausgewogener und harmonischer als jedes künstliche Menschenwerk. Wie beweglich ist die Natur in der Gestaltung ihrer zeitlichen Abläufe. Und wie lebendig sind Lebewesen, und mit ihnen der Mensch, von Gefühlen erfüllt.

Eine Primitiv-Computer-Welt - so möchte ich unsere Welt heute nennen (denn unsere Computer sind noch immer sehr primitiv) - ist sehr gefährdet, die Wahrnehmung der Wirklichkeiten zu stark auf einige wenige Ebenen zu reduzieren.

Daraus kann folgen, dass auch die Menschen anfangen, die Wirklichkeit immer ausgedünnter, immer geisterhafter wahrzunehmen. Da die Wirklichkeit aber in ihrer Fülle weiterbesteht, durch das Gefühl auch weiter unbewusst so wahrgenommen wird, dadurch kann es dann zu Brüchen innerhalb eines Menschen kommen. Das Bewusstsein in seiner abgemagerten Wahrnehmungsform passt nicht mehr zu den Gefühlen des Menschen. Bewusstsein und Gefühle haben sich nicht mehr viel zu sagen, entwickeln sich getrennt weiter. Das kann nicht auf Dauer gut gehen, denn so kann das Wesentliche nicht mehr erkannt und verwirklicht werden.

Obwohl ich viele Gefahren sehe, bin ich doch zuversichtlich und voll Vertrauen in uns Menschen, dass wir auch in dieser schwierigen heutigen Situation, neue, noch ungeahnte, nicht vorher berechenbare Möglichkeiten erkennen, und neue Wege finden und gehen, die wieder zu Ausgewogenheit und Ganzheitlichkeit führen. Dann heißt es nicht mehr nur, wie in einem Werbeslogan vor einigen Jahren: Quadratisch, praktisch, gut - sondern auch wieder: Vielgestaltig, gefühlvoll, lebendig.

Das Offene ist nur in unserer heutigen Zeit stärker von Vereinnahmung bedroht. Das logisch Begreifbare ist naturgemäß leichter zu erfassen und kann sich daher besser behaupten. Das geheimnisvollere Unberechenbare wird deshalb leichter übergangen, nicht berücksichtigt, in den Bereichen, die nicht mehr von der Natur geregelt werden, sondern vom Menschen organisiert.

So braucht die logische Berechenbarkeit die Weite des Unberechenbaren. Zusammen bilden sie unsere lebendige Welt. Dort, wo beide sich harmonisch durchdringen, dort wird die Schau des Wesentlichen möglich.

Inhaltsübersicht über das Gesamtbuch "Möglichkeitenraum" mit Seitenzahlen

Hier finden Sie die Übersicht über sämtliche Kapitel des gesamten Buches "Möglichkeitenraum", aus dem die Texte hier entnommen wurden.

Inhaltsverzeichnis

Leere Seiten

Möglichkeitenraum und Freiraum für Sie

Notizen, eigene Gedanken, Einkleben von Texten, Fotos, Malen, Zeichnen, Brief schreiben (z.B. an jemanden, dem das Buch geschenkt wird), eigenen farbigen Fingerabdruck setzen, Kochrezepte erfinden, Meditieren, Betrachten und im Geist Fantasiebilder auf der leeren Fläche entstehen lassen, spontan Gedichte verfassen, und vieles mehr...

Die leere Seite lädt ein.

Möglichkeitenraum

Möglichkeitenraum

Möglichkeitenraum

Möglichkeitenraum

Möglichkeitenraum

Möglichkeitenraum